開始在瑞士自助旅行

自助旅行

作者◎**蘇瑞銘**

U0005145

So
Easy

瑞士

「遊瑞士鐵則」

☑ 多利用大眾交通工具！

理由： 完善的鐵路網和翻山越嶺的登山纜車，帶領著旅人征服各處巍峨的山脈。因此來到瑞士，搭乘火車、公車等大眾交通工具是最聰明的選擇，能玩得安心又盡興。尤其在冬天下雪的日子，更增加開車的危險性。

☑ 搭車要準時！

理由： 瑞士的火車及公車都很準時，所以一定要提早到車站候車，以免發生目送火車離開的窘境；若是火車有誤點或是臨時有任何突發狀況，才有足夠的時間隨機應變。

☑ 火車站兼具多功能用途！

理由： 瑞士火車站兼具多功能用途，大家一定要善加利用。有各種不同尺寸的寄物櫃；可以直接以歐元或是美金等外幣兌換瑞郎；大一點的車站內甚至有淋浴的盥洗設備；如果你是搭乘瑞航或是德航等航空公司，還能在火車站辦理登機手續，非常地便利。

☑ 搭車的禮儀！

理由： 除了跨國火車及少數的景觀列車外，瑞士的火車不需要對號入座，有空位就可以坐下。因此請勿將自己的包包占據在座椅上，將位置禮讓給其他的乘客才是王道。

☑ 免費又清涼的礦泉水！

理由： 像瑞士這樣乾淨的國度，水喝起來真的是清涼又甜美，水龍頭一轉開就能直接生飲。除此之外，街上也有很多源源不絕的泉水，只要帶個瓶子在身上，隨時都能補充水分，還能省下一筆買水的額外開銷！

☑ 拍照時，請先詢問！

理由： 看到金髮碧眼的可愛小孩，有些人會不經意地拿出相機對著別人猛拍照，雖然大多數人會大方地讓你拍，不過基於隱私因素，建議最好事先徵求小孩父母的同意。尤其在商店內或是博物館等公共場所，會標示禁止拍照的告示牌，這時千萬不要有心存僥倖，想偷偷拍照的心態。

☑ 穿雙舒適的好鞋！

理由： 以阿爾卑斯山聞名的瑞士，健行是少不了的活動之一，舒適的鞋子或登山鞋，絕對可以幫助你輕鬆完成瑞士之旅。

☑ 安全的國家也要注意小偷！

理由： 跟其他歐洲國家相較，瑞士的治安算良好、犯罪率較低，可是並不代表就不會有竊案發生。在蘇黎世、伯恩、日內瓦及Visp等地的火車站，經常有扒手出沒，須隨時留心自身財物，以防宵小盯上。

☑ 慢遊，體驗瑞士風情！

理由： 生活步調緩慢的瑞士，放慢腳步輕鬆旅遊，才能體驗瑞士慢活的箇中滋味。急著拉車看景點，這樣反而無法享受如詩畫般的山光水色。

「遊瑞士必知單字」

　　因為瑞士分為德、法、義大利及羅曼語4個語區，每個語區的標示都會不一樣，不論是語言及文化各方面，只要跨個語區就會有截然不同的風情。本單元的詞彙介紹，會同時標示德、法、義等主要的語言，提供給大家參考！

火車
德文 Bahn
法文 Train
義文 Treno

藥局
德文 Apotheke
法文 Pharmacie
義文 Farmacia

月台
德文 Gleis
法文 Quai
義文 Binario

郵局
德文 Post
法文 Poste
義文 Posta

出口
德文 Ausgang
法文 Sortie
義文 Uscita

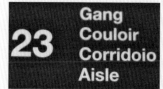

走道
德文 Gang
法文 Couloir
義文 Corridoio

入口
德文 Einfahrt
法文 Entre
義文 Entrata

窗戶
德文 Fenster
法文 Fenêtre
義文 Finestra

購票處
德文 Billette
法文 Billets
義文 Biglietti

西聯匯款
Western Union

廁所
WC

折扣品
德文 Aktion
法文 Action
義文 Azione

臺灣太雅出版 編輯室提醒

出發前，請記得利用書上提供的通訊方式再一次確認

每一個城市都是有生命的，會隨著時間不斷成長，「改變」於是成為不可避免的常態，雖然本書的作者與編輯已經盡力，讓書中呈現最新的資訊，但是，仍請讀者利用作者提供的通訊方式，再次確認相關訊息。因應流行性傳染病疫情，商家可能歇業或調整營業時間，出發前請先行確認。

資訊不代表對服務品質的背書

本書作者所提供的飯店、餐廳、商店等等資訊，是作者個人經歷或採訪獲得的資訊，本書作者盡力介紹有特色與價值的旅遊資訊，但是過去有讀者因為店家或機構服務態度不佳，而產生對作者的誤解。敝社申明，「服務」是一種「人為」，作者無法為所有服務生或任何機構的職員背書他們的品行，甚或是費用與服務內容也會隨時間調動，所以，因時因地因人，可能會與作者的體會不同，這也是旅行的特質。

新版與舊版

太雅旅遊書中銷售穩定的書籍，會不斷修訂再版，修訂時，還區隔紙本與網路資訊的特性，在知識性、消費性、實用性、體驗性做不同比例的調整，太雅編輯部會不斷更新我們的策略，並在此園地說明。您也可以追蹤太雅 IG 跟上我們改變的腳步。

taiya.travel.club

票價震盪現象

越受歡迎的觀光城市，參觀門票和交通票券的價格，越容易調漲，特別 Covid-19 疫情後全球通膨影響，若出現跟書中的價格有落差，請以平常心接受。

謝謝眾多讀者的來信

過去太雅旅遊書，透過非常多讀者的來信，得知更多的資訊，甚至幫忙修訂，非常感謝大家的熱心與愛好旅遊的熱情。歡迎讀者將所知道的變動訊息，善用我們的「線上回函」或直接寄到 taiya@morningstar.com.tw，讓華文旅遊者在世界成為彼此的幫助。

開始在瑞士自助旅行 增量升級新第六版

作　　　者　蘇瑞銘

總 編 輯　張芳玲
發想企劃　taiya旅遊研究室
編輯部主任　張焙宜
企劃編輯　張敏慧
特約主編　林淑媛
修訂主編　鄧鈺澐
封面設計　許志忠
美術設計　許志忠

太雅出版社
TEL：(02)2368-7911　FAX：(02)2368-1531
E-mail：taiya@morningstar.com.tw
太雅網址：http://taiya.morningstar.com.tw
購書網址：http://www.morningstar.com.tw
讀者專線：(02)2367-2044、(02)2367-2047

出 版 者　太雅出版有限公司
　　　　　106020台北市辛亥路一段30號9樓
　　　　　行政院新聞局局版台業字第五○○四號

讀者服務專線：(02)2367-2044 / (04)2359-5819#230
讀者傳真專線：(02)2363-5741 / (04)2359-5493
讀者專用信箱：service@morningstar.com.tw
網路書店：http://www.morningstar.com.tw
郵政劃撥：15060393(知己圖書股份有限公司)

法律顧問　陳思成律師

印　　刷　上好印刷股份有限公司　TEL：(04)2315-0280
裝　　訂　大和精緻製訂股份有限公司　TEL：(04)2311-0221

六　　版　西元2023年10月01日
定　　價　470元

(本書如有破損或缺頁，退換書請寄至：
台中市西屯區工業30路1號　太雅出版倉儲部收)

ISBN　978-986-336-390-3
Published by TAIYA Publishing Co.,Ltd.
Printed in Taiwan

國家圖書館出版品預行編目(CIP)資料

開始在瑞士自助旅行／蘇瑞銘作．
——六版，——臺北市：太雅，2023. 10
面；　公分．——（So easy；072）
ISBN　978-986-336-390-3　（平裝）
1.自助旅行　2.瑞士
744.89　　　　　　　　　　　109002391

填線上回函
開始在瑞士自助旅行

bit.ly/2AxU2Q4

作者序

我的瑞士情緣

從大學時期第一次來瑞士旅遊，到目前定居在這個阿爾卑斯山小國20餘年，我想這就是「緣分」吧！很多人說過，羨慕我能夠住在環境優美的瑞士，其實我也覺得自己既幸運又幸福。所以，希望可以將我眼中的瑞士介紹給大家，分享瑞士的點點滴滴。

這本書主要針對初次想來瑞士的旅客，坐在家裡就能夠跨出自助旅行的第一步，從認識瑞士、航空公司的選擇、上網查詢火車班次及票價，到抵達瑞士後如何看標示牌搭火車、公車，並且在物價昂貴的瑞士，要怎麼以最省錢的方式吃喝玩樂。即使你的語言能力不佳，藉著這本書就能自己前來瑞士旅行，一手搞定瑞士的自助旅遊。

瑞士是由26個聯邦所組成的國家，分為德、法、義、羅曼語等4個語區，不論在民族性或是生活習慣上，會因地區的不同而有些許的差異。本書所介紹的瑞士人，是整體上概略性的描述，當然不會是每個瑞士人都一定如此。

如果你認識的瑞士朋友，剛好跟本書中所描述的情況差不多，那可以讓你加深瞭解他們的生活習性；若你碰到的瑞士人跟書上寫的不符合，那麼請你抱有一顆寬闊包容的心，認識瑞士人多元化的生活方式，正所謂「一樣米養百種人」。

蘇瑞銘(Ricky)

作者簡介

蘇瑞銘(Ricky)

每次在自我介紹的時候，我總是喜歡開玩笑地說，蘇黎世的「蘇」、瑞士的「瑞」……，看來命中註定和瑞士脫離不了關係。喜歡四處旅行，體驗世界各地不同的民俗風情；想要品嘗各國美食，不管是路邊攤還是高級餐廳，只要是好吃的食物，我都想大快朵頤一番。目前職業為自由文字工作者、在瑞士義大利語區經營民宿。

作品有：《個人旅行－瑞士》《個人旅行－阿姆斯特丹》《開始在歐洲自助旅行》

2016 年瑞士最美的小鎮冠軍 Morcote

行前 Q&A
旅遊瑞士前你最想知道的問題……

Q1 英文不好的人,可以安排去瑞士自助旅行嗎?

語言能力的好壞跟是否能夠自助旅行,絕對不是成正比的關係,尤其瑞士算是來歐洲自助的入門國家,整體交通方便、環境安全、面積又不大,旅途中比較不容易發生重大的突發事件。只要事先做好功課,即使外語能力不佳的人也可以輕鬆征服瑞士。

Q2 瑞士的物價高,有什麼省錢的旅遊方法嗎?

雖然瑞士物價高,但並非得花大錢才能來瑞士自助旅行。經費有限的人,不妨考慮住民宿,價位通常比星級旅館便宜;善用各地的超市,偶爾才上餐廳吃飯,既能省錢又能吃得健康。瑞士的水都能生飲,只需要帶個水壺或寶特瓶在身邊,可以省下買飲料的費用。以上諸多的方法,都能輕鬆地完成旅遊瑞士的夢想!

Q3 在瑞士旅行,需要租車還是搭火車好呢?

瑞士的大眾交通系統非常便利,幾乎大多數的景點都能搭火車或公車抵達,但是租車或搭火車何者便利,還得看個人需求。Ricky個人比較推薦搭火車,因為眾多山區皆搭乘纜車上山,租車者也無法直接開到山頂。對於路況不熟悉、停車費、油錢不便宜等多重考量下,搭火車還是比較勝出。若擔心行李太多,搭火車會很麻煩,不妨考慮瑞士國鐵的運送服務,把行李寄送到其他城市,就不用扛著行李搭火車了!

Q4 瑞士交通證(Swiss Travel Pass)或是其他票券,該在台灣買還是到當地再買?

瑞士交通證及其他的票券,除了瑞士各大火車站都能買到之外,台灣的旅行社(如飛達)也有販售,如果你擔心英文無法溝通,不妨在台灣就先買好,這樣一到瑞士就可以使用。現在的瑞士交通證都是電子車票,在台灣購買後,直接存在手機裡,到瑞士搭車時給查票員查驗QR Code就好,當然另外列印出來備用也沒問題。

Q5 到瑞士自助旅行,該準備多少預算?帶多少現金才夠?

在疫情和烏俄戰爭之後,瑞士的物價也漲了許多,來瑞士旅遊比之前貴很多。若是以2人同行、旅行2週來計算,機票、住宿、交通及其他花費加起來,平均一個人大約需準備15～20萬台幣的預算,當然還得視個人的消費習慣而異。在當地的零用花費,現金和刷卡的比例各抓50%。由於車站、餐廳及商店幾乎都能刷卡,如果真的想用現金,出國前去銀行設定好海外提款的密碼,不夠時再從當地的提款機領錢就好。不用帶太多現金在身上,徒增失竊的風險。

Q6 新冠肺炎發生以來,瑞士旅遊安全嗎?有什麼限制?

目前來瑞士旅遊,跟疫情之前完全一樣,沒有什麼限制。即使確診也不需要隔離,就像是普通感冒,自己買藥吃、在家休息就好。此外,瑞士的景點多屬自然景觀,而非人口稠密的城市,相對之下算是安全。

目錄

如何使用本書

本書是針對旅行瑞士而設計的實用旅遊GUIDE。設身處地為讀者著想可能會面對的問題,將旅人會需要知道與注意的事情通盤整理。

瑞士概況:帶你初步了解瑞士外,還提醒你行前的各種準備功課,以及你需要準備的證件。

專治旅行疑難雜症:辦護照、機場入出境關、機場到市區往返交通、當地交通移動方式、機器購票詳細圖解教學、選擇住宿、如何辦理退稅、如何緊急求助等等。

提供實用資訊:各大城市熱門景點、飲食推薦、購物區推薦、交通票券介紹,所有你在瑞士旅行可能遇到的問題,全都預先設想周到,讓你能放寬心、自由自在地享受美好旅行。

▲ 篇章
以顏色區分各大篇章,讓你知道現在閱讀哪一篇。

旅行實用會話 ▶
模擬各種場合與情境的單字與對話,即使語言不通,用手指指點點也能暢遊瑞士。

資訊這裡查
重要資訊的網址、地址、時間、價錢等,都整理在BOX內,方便查詢。

貼心小提醒
作者的玩樂提示、行程叮嚀、宛如貼身導遊。

Step 查看列車資
透過手機的APP，現
車班次時間、搭車月台等訊息
車延誤影響，偶爾還是有臨時
性，因此搭車前要仔細聽車
注意月台上的電子螢幕，
如果火車有誤點

Step 實票
都�售車站
有瑞士交通系統內的十
機購票的人，可以選
逃此增加

Step 查看列車資訊
透過手機的APP，現在都能事先查詢
車班次時間、搭車月台等訊息，不過有時因國鐵
車延誤影響，偶爾還是有臨時更改月台的可能性
性，因此搭車前要仔細聽車內的廣播，最好隨時
注意月台上的電子螢幕，最好隨時&時
間，如果火車有誤點的情況下，會同時在APP或
這個電子螢幕上顯示

Step 確認月台的看板資訊
看板都是透過數字代表月台，左上角會
有下一班火車抵達月台的時間，時間的下方，則
是火車行經的站名和目的地，確認無誤之後就可
以安心地上車，為了搭乘的大小有限，何括你不
一定會到達所有的景點。

Step 前往月台候車
走到月台後，記得再次確認月台上方的
藍色看板是否為自己的車，因以有可能一道
火車延誤需停在本站，�x是兩班車的時間太近
近，就很容易上錯車，瑞士的月台都是以數字編
號、有的月台比較長，還會依字母分區，例如A
區、B區等等。

Step 等候火車到站
一定要事先看好自己的車廂離等著停在
哪一區，火車到站後就不會匆匆忙忙地找著打本位
升位上奔跑，火車進站
海光想點是工的乘客下
車，緒認過人下本後再
上車，若則是車廂通道
舞的打扮。

Step 上車，找座位
瑞士境內的火車不對號，只有某些景觀
列車和跨國列車需要訂位，座位上方的螢幕會顯示
若顯示reon字樣，表示沒人預訂。

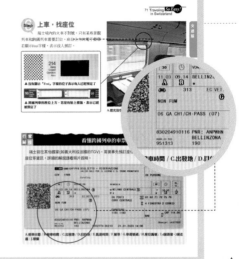

▲ 螢幕顯示「Frei」的座位表示沒人已經預訂了

▲ 跨國車的座位在上方，若是有貼上標籤，表示已經
被預訂了

看懂跨國列車的車票

Step by Step 圖文解說
入出境、交通搭乘、機器操作、機器購票，均有文字與圖片搭配，清楚說明流程。

機器、看板資訊圖解
購票機、交通站內看板資訊，以圖文詳加說明，使用介面一目了然。

行程規畫
瑞士行程如何安排？常見狀況包括交通、城市景點、健行路線及住宿，都能輕鬆解惑，還有短至長的各種天數行程安排範例，以及一目了然的地圖。

深度專題
渴望更多探索瑞士的山林祕境嗎？介紹拍攝馬特洪峰的絕佳地點，以及義大利語區在地人才知道的私房景點。

另類玩法 ▶
除了傳統遊山玩水的行程之外，也介紹水上、雪地、空中等各種不同的另類玩法，保證讓你回味無窮！

資訊符號解說

http	官方網站
✉	地址
☎	電話
⏰	開放、營業時間
休	休息
$	費用
➡	交通方式
i	重要資訊
MAP	地圖位置
APP	APP軟體

認識瑞士
About Switzerland

瑞士，是個什麼樣的國家？

提到瑞士這個國家，你會聯想到什麼？浩瀚的阿爾卑斯山脈？

打球優雅的網球明星費德勒(Roger Federer)？香醇可口的巧克力？

還是卡通人物海蒂(Heidi)呢？篇將帶領大家認識瑞士，揭開它的面紗，

拉近你和瑞士人之間的距離！

瑞士速覽

瑞士有4種官方語言，德語、法語、義大利語和羅曼語，講英文也通。

+ 瑞士小檔案 01

地理 | 盤踞於阿爾卑斯山區的小國

位於中歐阿爾卑斯山區的瑞士，是個不靠海的內陸國。北鄰德國、南接義大利、西臨法國、東和奧地利及列士敦斯登接壤，總面積為41,285平方公里(約跟台灣差不多大)。瑞士綿延不絕的山嶽及清澈如鏡的湖泊為著名景觀，如果你想要找個寧靜又悠閒的地方度假，步調緩慢的瑞士非常合適。

瑞士由26個聯邦(州)所組成，一般又稱為瑞士聯邦(Confoederatio Helvetica)，簡寫為CH，很多車輛後面會貼上CH的貼紙，就是瑞士的意思。每個聯邦有自己的法律及條規，各州的行政事務上也會略有不同，尤其在稅務及稅金方面。雖然各

▲ 瑞士第三大城Basel的紅色市政廳

 豆知識

關於瑞士的26個州

嚴格區分的話，瑞士有23個州，不過其中Basel、Walden及Appenzell這3個州又各自細分為兩個半州，分別為Basel-Stadt、Basel-Landschaft；Obwalden、Nidwalden；Appenzell Ausserrhoden、Appenzell Innerrhoden，所以加起來總共是26個州。

瑞士26個州
及各州的州徽

州看似行政獨立，可是對外的國際事務卻非常團結一致，全民愛國的向心力是奠定瑞士富強的主要因素。

瑞士位置圖

＊地圖繪製：許志忠

德國
Germany

波登湖
Bodensee

巴塞爾
Basel

蘇黎世
Zürich

琉森
Luzern

蘇黎世湖
Zürichsee

列支敦士登
Liechtenstein

奧地利
Austria

法國
France

伯恩
Bern

利基山
Mt. Rigi

皮拉圖斯山
Mt. Pilatus

琉森湖
Vierwaldstättersee

巴德‧拉嘎斯
Bad Ragaz

瑞士

石丹峰
Stanserhorn

鐵力士山
Mt. Titlis

斯庫爾
Scuol

內史泰爾湖
Lac de Neuchâtel

茵特拉根
Interlaken

圖恩湖
Thuner see

洛桑
Lausanne

格林德瓦
Grindelwald

安德馬特
Andermatt

少女峰
Jungfrau

雷夢湖
Lac Léman

蒙特勒
Montreux

羅卡諾
Locarno

貝林佐那
Bellinzona

日內瓦
Genève

馬特洪峰
Matterhorn

盧加諾
Lugano

馬焦雷湖
Lago Maggiore

門德里西奧
Mendrisio

北

羅莎峰
Monte Rosa

義大利
Italy

白朗峰
Mont Blanc

德語區
法語區
義大利語區
羅曼語區

我的行程規劃

➕ 瑞士小檔案 02

歷史 | 由貧窮蛻變成富裕的國度

西元1291年瑞士聯邦正式成立，因為天氣寒冷加上土地貧瘠，一直到工業革命之前瑞士都是個貧窮的國家。為了掙錢養家，當時有許多瑞士男人便受雇於鄰國政府，成為他國的傭兵。正因如此辛苦的生活條件，養成瑞士人節儉刻苦的天性。到了17世紀，成千上萬的新教徒們由法國移居瑞士，這批移民潮中有許多鐘錶工匠及技術人才，帶動瑞士的鐘錶產業，為瑞士今日的精密工業打下良好基礎。

維也納會議後，瑞士被承認為永久中立國，許多國際性的組織如聯合國歐洲總部、世界衛生組織（WHO）、國際勞工組織（ILO）紛紛設立在瑞士的日內瓦（Geneva）。邁入20世紀，瑞士不論是經濟及觀光產業都蓬勃地發展，由當初的貧窮小國蛻變成現在讓人稱羨的富裕天堂。

由於瑞士實施由公民投票的直接民主政策，在多次的公投中皆未通過加入歐盟的提案，因此瑞士從來沒加入歐盟。但是，瑞士為申根國家會員之一，適用於申根簽證的規定，持有台灣護照的旅客於6個月內能停留90天。

▲ 目前梵諦岡的傭兵，依然是瑞士籍的男士才能擔任

▲ 日內瓦的聯合國歐洲總部

➕ 瑞士小檔案 03

人口 | 外來移民多

由於地緣關係，瑞士並沒有所謂的純瑞士人，主要以日耳曼人、法國人及義大利人所組成的融合民族。立國之前，在各種族之間通婚交流的情況下，更難區分每個人最原始血緣的來源。近年來，大批的移民湧進瑞士定居，瑞士人和外來人口通婚的比例也逐年增加，瑞士更成為各種族的大融爐。

以農立國的瑞士，總人口才8百多萬，其中外來人口就超過1百萬。幾乎大多數的城鎮都依山傍水，即使最大城蘇黎世也不會很擁擠，在都市裡完全感覺不到緊張匆忙的氣氛，而位於郊區的農村鄉鎮，更是洋溢著宜人的恬靜風光。

即使是最繁華的 ▶
蘇黎世，不會讓
人覺得有壓力

認識瑞士

瑞士小檔案 04

語言 | 多語言的國度

　　瑞士有4種官方語言，依照使用人口的比例分別是德語、法語、義大利語和羅曼語。瑞士的小學生必須學習自己母語外的第二語言，上國高中之後，可以再選擇英語等課程，因此瑞士人普遍會講兩種以上的語言。除此之外，瑞士人學外語的風氣也很盛行，甚至還有人請中文家教或是上中文補習班！

　　由於瑞士人從小就必須學習兩、三種語言，養成他們多語的能力。外籍遊客來到瑞士，在旅遊中心、火車站等多數觀光景點，講英文幾乎能通行無阻。火車上除了德文、法文、義大利的廣播之外，通常還有英文的版本。即使遇到語言不通的情況，友善的瑞士人們會跟你比手畫腳，來幫助困惑的外國人。

▶ 講多種語言的瑞士，產品也需要標示德語、法語、義大利語等不同的語言

▲ 瑞士人多語的能力能夠和來自世界各地的旅客溝通無礙

瑞士小檔案 05

政治 | 永久中立國

　　在兩次世界大戰期間，維持中立的瑞士倖免於戰亂波及，國內的經濟順勢穩定發展。大戰結束後，瑞士並沒有加入聯合國的意願，明確表態維持中立。西元1986年，瑞士舉行全民公投表決是否加入聯合國，結果大部分的居民及全部26州都反對加入，繼續維持中立的角色。2002年9月10日，瑞士終於正式加入聯合國的行列，不過始終堅持中立，反對用戰爭和暴力來解決衝突。所以瑞士還是永久中立國，沒有因加入聯合國而改變立場。

瑞士小檔案 06

經濟 | 平均生活水平高

　　瑞士的經濟體系是全球最穩定的國家之一，主要的收入來源為旅遊業、鐘錶等精密工業及金融業。大家公認瑞士是個富裕的國家，物價很高、國民年均所得又是世界上前幾名，這都要歸功於瑞士貨幣強勢的關係。

　　正因為瑞士法郎強勢，加上健全的銀行體系，瑞士法郎成為國際間的「避險貨幣」，吸引很多國外的「金主」將錢財轉移到瑞士，這樣既安全又不需要擔心貨幣貶值的問題，因此瑞士的經濟一直都維持相當穩定的狀態。

▲ 瑞士的UBS銀行，3支鑰匙是它的代表符號

<table>
</table>

✚ 瑞士小檔案 07

貨幣 | 強勢的瑞士法郎

　　瑞士使用法郎（一般稱為Swiss Franc，縮寫為CHF或SFR），目前匯率大約是1：36台幣左右。鈔票的面額分為10CHF、20CHF、50CHF、100CHF、200CHF、1,000CHF，通常民眾消費都使用100CHF以下的鈔票面額。超過100CHF的面額，除非花費的額度很高，否則店家不太收大鈔。

　　硬幣分為5分、10分、20分、50分、1元、2元、5元等7種。多數瑞士商家都接受以歐元付款，不過匯率可能會差一些，而且找零通常只用瑞士法郎。在主要的大火車站都能以歐元、美金等貨幣直接兌換瑞士法郎。市面上幾乎沒有看過瑞郎的假鈔，來瑞士旅遊的人可以安心地使用。

　　在台灣兌換瑞郎現鈔，可至各縣市台灣銀行總行或兆豐銀行，在機場換的匯率較差。如果手邊還有舊版的瑞郎鈔票，記得先去銀行換，瑞士的店家已經不收舊鈔了。

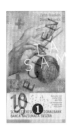

❶ 10瑞郎闡述「時間」元素，代表瑞士人對時間概念的重視
❷ 20瑞郎為「光」的元素，象徵著創新力
❸ 50瑞郎是「風」的元素，描繪瑞士提供的財富體驗
❹ 100瑞郎是「水」元素，闡釋瑞士的人道主義傳統
❺ 200瑞郎是「物質」元素，表達出瑞士的科學專業
❻ 1,000瑞郎是「語言」元素，表示瑞士的交際天賦

（以上圖片資料來源：瑞士銀行官網）

✚ 瑞士小檔案 08

國旗 | 紅底白十字方旗

　　瑞士國旗的圖案非常簡單，紅色的底、中間為白色的十字，剛好跟紅十字會的旗幟相反。其由來已久，在西元1291年8月，烏里（Uri）、施威治（Schwyz）、下瓦爾登（Unterwalden）這3州結盟的時候，就已經決定使用這個圖樣。值得注意的一點是，瑞士國旗是正方形，和一般長方形的國旗略有不同。

　　因為圖樣簡單俐落又好看，市面上有很多印著瑞士國旗的商品，包括杯子、帽子、T-shirt、瑞士刀等，都深受民眾及觀光客的喜愛。國慶日（每年8/1）前後，在瑞士各地經常可以看到滿街飄揚的國旗。

▶ 紅底白十字的瑞士國旗，國慶日前後，街頭經常能看見國旗

✚ 瑞士小檔案 09

氣候 | 四季分明，早晚溫差大

　　瑞士的氣候四季分明，北部屬於溫帶氣候，阿爾卑斯山以南的地區，則是冬暖夏涼的地中海型氣候，溫度會隨著海拔的升高而降低。山區的氣候變幻多端，各地早晚的溫差也很大。

認
識
瑞
士

由於氣溫的變化差異，因此來瑞士旅遊一定要注意保暖。整體來說，瑞士並沒有所謂的乾季或雨季，每年下雨的時間並不一定，Ricky個人是比較建議5～10月間來瑞士旅遊，這期間的氣候宜人，白天的日照時間比較長。

■ 春天(3～5月) / 平均溫度：約2～24℃

雖然已經進入春天，不過山區下雪的機會還是很高，海拔高的地方積雪還不會融化，不建議安排高山健行的活動，有陽光的晴天和陰雨天的氣溫會有顯著的差異。3月底的最後一個星期日，開始調整為夏令時間，4月開始白晝時間比較長，大約8點過後天才黑。

▲ 瑞士春天是百花綻放的季節

■ 夏天(6～8月) / 平均溫度：約15～32℃

6月底是一整年日照最長的時候，大約晚上9點半天色才會變暗，此時早晚的溫差還是大，在一

▲ 夏天很適合來瑞士山上避暑

般的市區加件薄外套即可，整體的穿著以夏季的輕便服裝為主。在晴朗的日子，瑞士各地的白天有機會達到超過30℃的高溫。像少女峰等海拔超過3千公尺的山上，還是需要攜帶保暖的羽絨衣備用。

■ 秋天(9～11月) / 平均溫度：約8～22℃

從9月初開始，氣溫會明顯驟降，天氣變得比較不穩定，穿著建議洋蔥式的穿法。依海拔高度的落差，9月中～10月中是樹葉轉黃的季節，能感受到濃濃的秋意。10月底後，2千多公尺以上的山區都已經降到零度左右，若是要健行的話，只能選一些低海拔的山區。

▲ 10月的瑞士散發著金黃的秋意

■ 冬天(12～2月) / 平均溫度：約10℃以下

瑞士的冬天，各地皆有下雪的機會，只差在下雪量的多寡而已。不但需要準備足夠的禦寒衣

▲ 冬天瑞士山區化身為銀白的雪國

服，手套、圍巾、帽子等也是不可或缺的配件。由於室內都有暖氣，建議洋蔥式的穿法，進到室內再一件件脫掉。如果計畫從事雪上活動，要穿防溼又能夠保暖的雪衣、雪褲，太陽眼鏡及防曬用品也不能缺少，否則在雪地中因陽光的反射作用，很容易曬傷（黑）。

✚ 瑞士小檔案 10

時差 | 差台灣6～7小時

季節	時間範圍	瑞士時間	台灣時間
夏令	3月最後一個週六～10月最後一個週六	早上08:00 下午13:00	下午14:00 晚上19:00
冬令	10月最後一個週六～3月最後一個週六	早上08:00 下午13:00	下午15:00 晚上20:00

行家祕技 把握夏天，享受瑞士悠閒步調

瑞士的夏天，在白晝最長的6月底大約要到21:30才天黑，從早到晚有很長的時間可以在外頭參觀名勝景點，一直逛到天色暗了再回飯店休息，有絕對充裕的時間讓你放慢腳步輕鬆地遊覽瑞士。漫步在瑞士各地，你會盡情地沉醉在湖光山色的美景裡，彷彿是來到與世隔絕的桃花源呢！

▲ 瑞士親近大自然的生活

天氣查詢看這裡

天氣對於旅遊的人來說非常重要，尤其安排來瑞士健行，預知並隨時掌握天氣的變化，有利於安排行程。MeteoSwiss是瑞士天氣預報的APP，準確度比任何其他的天氣預報來得高，詳細列出各地區的天氣概況，隨時更新最新的資訊。不過山區的天氣本來就比較難預測，天氣預報真的只是參考用，通常是3～5天內的比較準，不需要太早查。

Step 1 到手機的APP商店內下載MeteoSwiss

Step 2 加入想要查詢的地點

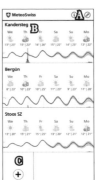

A.點此可上下移動或刪除名單上的城鎮 / B.可排列成自己要的清單，點入後會顯示詳細的天氣資訊（Step 3）/ C.點此輸入郵遞區碼或地名，將想查詢的地點加入清單中

Step 3 點進去該地區後，可查看當天每小時的天氣變化

A.接下來幾天的天氣預報，但僅供參考，和實際的天氣通常還是有差異 / B.當天的風向和強度 / C.陽光和雲層的多寡，閃電和水滴表示有雷陣雨 / D.當天每小時的溫度和天氣變化圖，會顯示雨量的多寡

＊資料時有異動，請以官方公布的最新資料為主

治安 | 歐洲最安全的國家之一

對於第一次來歐洲自助的旅客，我會極力推薦選擇瑞士。畢竟以歐洲地區來說，瑞士的治安算是前段班，凡是來過瑞士的人都認為跟歐洲其他國家相較之下，瑞士真的是比較沒壓力，走在街頭很少看到流浪漢或是吉普賽人等，光天化日下搶劫的情況幾乎不會發生。

但出門在外還是要注意，治安再好的國家依然有犯罪案件，若到了瑞士的大城市和人多擁擠的地方，如在火車站轉車或上下火車搬行李時，記得還是要多加注意自己隨身的財物、錢財不要大剌剌地露白，這樣應該就沒有問題。

像蘇黎世、伯恩、日內瓦等幾個大城市，或前往策馬特轉車的Visp車站，這幾個地方近年來經常有小偷出沒，大家在這些車站時要多加留意。

電壓 | 220V

瑞士的電壓為220V，插座分為平口式和內藏式兩種，因此必須購買「變壓器」及「轉接頭」。台灣的電器產品若有標示通用於110V～240V之間，就直接裝上轉接頭即可。常出國的民眾，不妨買多功能的萬用插頭較為方便，大多數航空公司都會在飛機上販售，一個約40美金左右。

請注意 瑞士的插頭跟歐盟地區的規格不同，雖然都是圓孔狀，但是瑞士的插頭比較細。萬一真的急需在瑞士買轉接頭，Interdiscount、Media Markt等連鎖電器行都有販售。

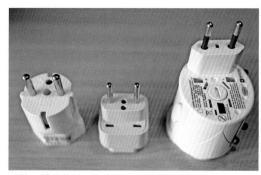

▲ 左一歐規的插頭比較粗；中間雖然是瑞士的插頭，但是只能插平口式的插座；買右邊菱形的最保險

交通 | 完善便利的大眾交通

瑞士完善的交通系統，從硬體設備到軟體的服務，讓來過瑞士的旅客都讚不絕口。雖然瑞士地處多山崎嶇的阿爾卑斯山區，不利於交通建設發展，可是瑞士人卻克服這項天然障礙，打造出聞名世界的鐵道交通。不論是懸吊式的登山纜車，還是開山鑿壁的艱鉅工程，各式各樣的交通工具都能搭載乘客到旅遊的目的地。

▲ 瑞士到處都是登山纜車

✚ **瑞士小檔案 14**

節慶與活動 | 重要節慶及活動介紹

依各地區的風俗文化，瑞士各地都有不同的節慶活動，以下是瑞士幾項著名的節慶活動。假使大家剛好在這時間點來瑞士旅遊，不妨安排時間體驗看看。

熱氣球節

1月底

http ballonchateaudoex.ch ✉ 代堡(Château-d'Oex)

自1979年開始，每年1月的最後一週，在代堡(Château-d'Oex)會展開為期一個星期的國際熱氣球節(Balloon Festival)和競賽活動，這是瑞士冬季最盛大的慶典之一。在西元1999年的3月1日，瑞士人Bertrand Piccard和英國籍的Brian Jones兩人自代堡出發，完成搭乘熱氣球環繞世界一週的壯舉，更讓代堡的熱氣球活動聲名大噪。

日內瓦車展

3月

http www.gims.swiss ✉ 日內瓦(Geneva)

享譽國際的日內瓦車展(Geneva International Motor Show)，每年3月固定在日內瓦揭幕，如果你喜歡看高級車款包括法拉利、保時捷等名車的最新款式，那絕對不能錯過這項活動。

嘉年華會

2月左右，復活節往前推算40天

http 請查詢各城市的官網
✉ 瑞士各地，推薦琉森(Luzern)、巴塞爾(Basel)、貝林佐那(Bellinzona)

嘉年華(Carnival，德文Fasnachtl，法文Carnaval，義文Carnevale)是瑞士最重要的年度慶典，早期信徒們把耶穌復活前的40天訂為齋戒日，在這期間不能飲酒吃肉。為了進行40天的齋戒，所以人們在前幾天大肆飲酒作樂，最後演變成今日的嘉年華會。整體來說，嘉年華的時間都落在2月左右，經常會遇到農曆新年，剛好可以安排假期來瑞士體驗看看。

春鳴節

4月的第三個週一

http sechselaeuten.ch ✉ 蘇黎世(Zurich)

源自14世紀的春鳴節(Sechseläuten)又稱為「六鳴節」，從蘇黎世大教堂(Grossmünster)6點的鐘聲響起，就象徵春天的來臨，所以也稱為「春鳴節」。這項沿襲數百年的慶典，居民會盛裝打扮組成遊行隊伍，從蘇黎世的班霍夫大道(Bahnhofstrasse)一路遊行到貝爾裕廣場(Bellevueplatz)。

認識瑞士

巴塞爾鐘錶珠寶展

3月

✉ 巴塞爾(Basel)

　　來到以鐘錶聞名的瑞士，當然是不能錯過和鐘錶相關的活動。每年3月在巴塞爾(Basel)舉辦的鐘錶珠寶展(Baselworld Watch and Jewellery Show)，是全世界規模最大的鐘錶盛會，不但參展的品牌數量齊全，還能夠見識到各種最新穎的款式。

瑞士摔跤

全年，5～10月間比較多

http esv.ch(摔跤協會)　　✉ 瑞士各地

　　瑞士摔跤(Schwingen)是瑞士獨有的競技活動，源自阿爾卑斯山區農民間傳統的運動，目前每年在各城鎮都會舉辦摔跤比賽(Schwingfest)，有點類似巡迴賽的性質，每3年還會舉行盛大的摔跤節，冠軍能獲得一頭公牛的獎品。

蒙特勒爵士音樂節

7月

http www.montreuxjazz.com　　✉ 蒙特勒(Montreux)

　　位於雷夢湖畔的蒙特勒(Montreux)，擁有溫和的氣候和優美的環境，自西元18世紀起便是熱門的度假勝地，不但深受各國皇室貴族的成員青睞，還吸引外國明星、運動員來此定居養老。7月分舉辦的爵士音樂節(Montreux Jazz Festival)，為歐洲最盛大的爵士樂盛會，平均在這時期會湧入超過20萬的觀光人次，是當地居民的10倍之多。

國慶日

8月1日

✉ 各地城鎮

　　瑞士的國慶日(National Day)。慶祝在1291年的這天，中部3個州宣示結盟、共同抵禦外敵的歷史性時刻。如今，在各城市都會有煙火秀、點燈籠及各式各樣的慶祝活動。

羅卡諾影展

8月上旬

http www.locarnofestival.ch　　✉ 羅卡諾(Locarno)

　　已經有75年歷史的羅卡諾影展(Locarno Film Festival)，被是歐洲5大影展之一，每年夏季影展期間總是吸引許多遊客前來朝聖。尤其在大廣場上的戶外大型電影螢幕，光是感受那股氛圍就讓人著迷。

葡萄酒節

9～10月

✉ 瑞士各地

　　每年9月開始是瑞士葡萄成熟的採收期，到了10月滿山遍野的金黃色葡萄藤瀰漫著葡萄香味，許多城市也會舉辦葡萄收成的葡萄酒節慶(Wine festivals)，提供大家品酒或試吃葡萄等活動，都是很特殊的體驗。這期間的葡萄便宜又好吃！

聖誕市集

11月底～12月底

✉ 蘇黎世等地

　　每年入冬後，最讓人引頸期盼的就是聖誕市集(Christmas Market)。其中蘇黎世、蒙特勒和巴塞爾等地的聖誕市集最受大家歡迎，蘇黎世的班霍夫大道上掛滿了LED燈的裝飾，彷彿滿天閃爍的星空，火車站內的施華洛世奇水晶聖誕樹也是象徵性的標誌！

好用單字指指點點

	德文	法文	義大利文	英文
1	ein	un	uno	one
2	zwei	Deux	due	two
3	drei	trois	tre	three
4	vier	quatre	quattro	four
5	fünf	cinq	cinque	five
6	sechs	six	sei	six
7	sieben	sept	sette	seven
8	acht	huit	otto	eight
9	neun	neuf	nove	nine
10	zehn	dix	dieci	ten
你好	Guten tag	Bonjour	Buongiorno	Good morning
謝謝	Danke	Merci	Grazie	Thank you
再見	Auf Wiedersehen	Au revoir	Arrivederci	Goodbye
對不起	Entschuldigung	Excusez-moi	Mi scusi	Excuse me
很好	Gut	Bien	Bene	Good
多少錢	Wieviel？	Combien？	Quanto costa？	How much？
是／不是	Ja／Nein	Oui／Non	Si／No	Yes／No

學瑞士人過生活
一窺瑞士人的生活百態

　　提到瑞士這個國度，大家總是抱著無限的憧憬，被這塊如童話般的土地深深吸引，明媚的湖光山色、優渥的生活水平、純樸善良的風俗，這樣得天獨厚的完美條件，當然是每個人夢寐以求的桃花源。

　　能夠住在瑞士這個永久中立國，想必是許多人的夢想，因為再也不需要擔心會有戰爭發生。瑞士人能擁有今日令人稱羨的環境，絕對不是上天掉下來的禮物，而是他們自己努力的成果。究竟瑞士人是如何打造出屬於他們的天堂？以下我們將實地走訪幾位瑞士人，一窺他們的生活百態，根據他們的居住方式及現身說法，帶大家瞭解一下瑞士人的生活！

▲農牧業是瑞士的傳統

▲瑞士人夏天喜歡做日光浴

少吃海鮮

由於瑞士是內陸國，過去又以農牧業為主，多數瑞士家庭不常吃海鮮類的食物，就算有，也是湖魚或是冷凍的海鮮食品為主。與環海的國家相較下，瑞士的漁獲產量不算多，主要是從湖泊打撈而來，大部分的海鮮還是得仰賴進口，也因此這裡的新鮮海產並不便宜。在選擇性少和價格昂貴的雙重影響下，瑞士人吃海鮮的比例偏低。

愛吃烤肉

整體來說，瑞士人的飲食簡單，不會吃得太油膩。但是每逢夏天，烤肉是許多家庭喜歡的活動。在肉類昂貴的瑞士，民眾卻這麼喜歡烤肉，我倒是覺得很好奇，究竟對瑞士人而言，烤肉的魔力何在？

瑞士一年裡真正溫暖的月分大概只有6～9月，其他時候大多都需要穿上夾克甚至外套，當夏天陽光普照時，居民會把握機會從事戶外活動，烤肉就是其中非常熱門的一項，因為還能順便做日光浴吸收維他命D，享受溫暖的陽光，從自家陽台、花園、市區的游泳池或湖邊烤肉區，都能看到烤肉的畫面。不過在森林裡，若不是特別規畫的烤肉區，千萬不能隨意升火，尤其是乾旱季節

很危險，也會遭受到罰款。

根據我自己參加過幾次瑞士朋友BBQ烤肉趴的經驗，我發現他們烤肉所吃的食物花樣比較少，大概就是香腸、豬肋排、雞腿等肉類，不像台灣種類多元。即使吃烤肉，瑞士人還是不忘「營養均衡」的概念，通常還會準備生菜沙拉或一些蔬果類的食物搭配食用。

復活節不吃肉

復活節是歐洲的年度大節日，許多德語區居民在復活節的前一個週五就會開始放假，復活節的週一則是全瑞士都會放假。畢竟復活節是慶祝耶穌復活，所以應景的食物有繁殖力強的兔子和象徵孕育生命的彩蛋等等。

貼心 小提醒

吃飯打嗝？大忌！

對於瑞士人來說，吃飯時當眾打嗝是非常沒有禮貌的行為，一定要注意這個「禁忌」。若是忍不住要打嗝，請先用手遮住嘴巴並把音量減到最低，然後再向同桌用餐的人說聲抱歉，或是走到一旁，到別人聽不見的地方再打嗝。雖然這是個小動作，卻是非常重要的餐桌禮儀。

在復活節前夕，各大超市就會開始販售巧克力造型的兔子，或是各種圓形的巧克力。像聖誕節一樣，復活節是家庭聚餐的日子。但是耶穌週五才殉難（週一復活），在這節日吃肉代表不敬（尤其是天主教徒），因此幾乎大家都是選擇吃魚、兔肉或是其他食物。

立食或坐在路邊吃也是一餐

每到午餐時間，在瑞士街頭經常看到很多人會去超市買份三明治、一杯咖啡，這樣就解決一餐，有的人甚至在路邊攤買條熱狗(或香腸)配麵包，站在一旁的桌子就大剌剌地吃起來。在首都伯恩市區，許多人買午餐後，就結夥坐在路邊騎樓的拱廊底下吃，形成當地的特殊景象。這種簡單快速的吃飯方式，和我們所謂「呷飯皇帝大」的傳統觀念實在大相逕庭！

許多人站在路邊就能解決一餐 ▶

▲ 復活節附近會有許多兔子和蛋的商品

▲ 炎熱的夏天，搭配清涼的穿著

▲ 舒適實用是瑞士人穿衣的概念

實用的衣著概念

撇開蘇黎世和日內瓦這些金融重鎮不談，走在瑞士街頭，其實很少看到穿戴得珠光寶氣的瑞士民眾。即使身穿名牌服飾、手提名牌包，瑞士人也不會讓人覺得張揚炫富，整體搭配仍相當符合他們低調的個性。

雖然瑞士的物價水平高、消費力強，購買昂貴的奢侈品對當地居民來說不難，但是多數人對於穿著還是以「實用」、「保暖」、「耐久」為考量，突顯他們務實的個性。相較於時尚品牌，瑞士人更偏好實用的登山、健行、滑雪等裝備。

樂於網購買衣

住在日內瓦的友人Valerie是航空公司的職員，由於工作時間的關係，平時逛街的機會不多，於是網購便成為她買衣服的主要方式。她表示瑞士網購方便，店家每一季都會寄來最新的雜誌目錄，讓她不論在家裡或是辦公室，都能輕鬆打點全身行頭。除了衣服之外，如鞋子、毛巾、地毯及家用品類都能買，琳瑯滿目，選擇性多又可以省去逛街所花的時間和精力，照樣能享受購物的樂趣。

因為網購無法試穿，也不確定布料品質，所以有所謂的「試穿期」，顧客收到商品之後若是不喜歡，在期限內寄回去都不需要付費，前提是不能撕掉標籤。

▲ 簡單的色系，也能穿出個性風格

▲ 瑞士店家會定期寄網購衣服的資訊

貼心 小提醒

不同語區的常用規格會不一樣

雖然網購很方便，不過還是要很仔細，因為不同語區的尺碼完全不一樣。以枕頭為例，德語區的枕頭是65×100cm，而義大利語區的枕頭是50×90cm(還有50×70cm的)。所以住在不同語區的民眾，一定要先確定商品的尺寸大小，以免發生在別的城市買了枕頭，寄來才發現跟枕頭套規格不合的糗事。

輪值洗衣方式

瑞士人對於穿衣服的方式很隨性，不過洗衣服卻是件相當麻煩的差事，因為大部分瑞士的公寓住戶都必須共用洗衣機及烘衣機。沒有洗衣機並不是買不起，即使你有錢買好幾台，但屋內可能連放一台的空間都沒有。

洗衣機是大樓住戶共用的，所以必須排「洗衣時間表」，住戶們才不會為了洗衣服而搶成一團，也就是說每個家庭固定在某個時段才能洗衣服。瑞士人多久能洗一次衣服，要視大樓住戶的多寡而定，如果這棟大樓只有4～5戶人家，那每家住戶平均一星期將有一天以上的時間能洗衣服；若是戶數比較多的大廈，每星期可能只能分到半天的洗衣時間。

▲ 瑞士公寓大樓內的洗衣間

▲ 公寓大樓內投幣式的洗衣機

每棟公寓大樓裡設有專屬的洗衣間，裡頭會有洗衣機、烘衣機各一台，以及晾衣服的地方。即使輪到你的洗衣日可以洗衣服，還是得付費才能使用，某些洗衣機只接受0.5CHF的硬幣，假如剛好你的硬幣不夠，那很抱歉，只好下星期再來洗衣服吧。

洗完衣服後，也不是把自己的衣服收走就沒事了。使用者得把洗衣房、洗衣機、烘衣機和洗手槽等所有地方都清理乾淨，例如灰塵或棉絮等，以瑞士的標準，須打掃到一塵不染！否則，你很可能會被鄰居的瑞士太太列為黑名單。在瑞士鄰舍因為洗衣服吵架的故事，時有所聞。

瑞士人做事謹慎完美的態度也反映在洗衣服這件事上。很多家庭洗完衣服、烘乾之後，還會一件件拿起來燙過，這樣才算完成整套洗衣服的步驟，有些媽媽甚至連內衣褲和襪子都會燙，讓人完全沒得挑剔。

既然在家洗衣服這麼不方便，那拿去外頭的自助洗衣機洗就解決了嗎？理論上是行得通，不過在瑞士住這幾年來，很少看到自助洗衣店。若是各位有機會到瑞士旅遊，或是到瑞士人的家裡做客，不妨觀察一下是否看得到洗衣機的蹤跡！

▲瑞士人穿衣服，以實用、保暖為第一考量

路上觀察 瑞士人的穿衣術

在我們的印象中，瑞士人的穿著打扮好像不如義大利人那麼時尚、也沒有法國人那般前衛。的確，瑞士的流行市場，比起鄰居法國和義大利，名氣上也許遜一籌。不過誰說一定要花大錢、買名牌才能夠打扮地漂漂亮亮的呢？

我個人覺得，瑞士人的衣著分成兩個極端，一種是像天龍國蘇黎世會流露睥睨氣息的貴族型態，另一種則是山區的鄉村城鎮，村民的穿著是保守含蓄的品味。不管是哪一種穿衣方式，瑞士人都能大方地展現自己喜歡的搭配方式，這可由下方幾位瑞士人身上的行頭得到證明。

▲瑞士人衣著的顏色很大膽

▲經常可在街上看見貴婦型態的瑞士人

▲瑞士人的穿著簡單又不失高雅氣息

▲瑞士房子的屋況都保持得不錯

▲蘇黎世市區租金貴又一房難求

只租屋不買房

雖然瑞士人平均月收入十幾萬台幣起跳，但是與臨近的國家相比，房價相對很貴，尤其蘇黎世一帶更是高居全國之冠。若是計畫在瑞士買房子，首先要準備約20～30%的頭期款，這對許多家庭來說是筆不小的數目。再加上平日維修房子的開銷和銀行貸款的利息，每個月要負擔的金額相當可觀。

而當你擁有房屋這項資產後（也就是貸款付清時），每年要繳的稅金很重，所以很多瑞士人寧願一輩子租屋，也不想買房來增加經濟壓力。如果你不介意住在山區或是比較偏僻的小鎮，房價當然會比較便宜，可是基於工作和便利性的考量，很多人還是寧願繳貴一點的房租，住在交通方便的地點。瑞士的房屋稅很高，所以很多民眾貸款買房子後，都不太想把房貸繳清，這樣才不會在年底的時候被政府課重稅。

要在瑞士置產，非得有相當雄厚的資金才行！瑞士的高房價也反應在旅館方面。來過瑞士旅遊的人一定知道，這邊旅館的價位很貴。平均來說，想住星級飯店，每晚需要花100CHF以上，而且不要對房間抱有太多的期待，否則你將會很失望。瑞士的房價雖然貴，整體來說屋況及品質都算不錯。大樓的外牆會定期整修粉刷，房子內部也都保持得非常乾淨，即使是20、30年的老房子，其實還是很新。

租屋族當道

根據統計，瑞士目前約有6～7成的人口是租屋族。這裡租房子的時候，房東一定都會粉刷過、整理乾淨之後才交屋，所以通常不會遇到烏煙瘴氣的房況。房客在退租時，也是得打掃到非常乾淨，否則都會被罰錢，不少人直接請清潔公司來打掃。大多數物件附有整套的廚具（法語區除外），如爐子、烤箱、洗碗機、冰箱等，租房子其實很方便。

像蘇黎世或日內瓦等大城市，因為房源供不應求，一般租房子的時候得填寫申請表，包括家庭成員、工作內容和薪資多寡等繳交給房東審核，最後房東才決定要租給誰，真的是一房難求。二線城市和鄉下地區，則比較不會有這樣的問題。

行家祕技 日曬少的地區，租金反而較低

大多數台灣人不喜歡整天會被太陽照到的西曬房，擔心住在裡面會很熱。在瑞士則相反，那些能被陽光照射到的房子或地區，通常租金價位會比較高，也會比較熱門。反之，有些村莊的日曬少，甚至冬天曬不到日光的村莊，價位相對便宜許多。

「完美整潔」的瑞士人

每次到瑞士人的家裡做客，我發現多數人的家裡隨時保持得很乾淨，雖然用一塵不染來形容是有點誇張，不過幾乎就是快達到這個境界。想必瑞士人一定常打掃居家環境？沒錯！如果是沒上班的家庭主婦，平日除了接送小孩子上下學之外，煮飯打掃絕對是少不了的工作，若是夫婦倆人都是上班族，他們就會雇用打掃工人，固定每週來家裡整理。

瑞士家庭平日就很勤奮地打掃，並不需要年終大掃除，反正家裡隨時都很整潔。我自認是有潔癖的處女座，卻覺得瑞士人對於居家環境的要求比我還嚴格，很難想像嫁給瑞士人的太太們，是如何達到老公完美的要求呢？根據大多數嫁給瑞士人的婦女表示，很多人的婆婆向來是以「精明幹練」聞名，因此養成丈夫們也愛乾淨的個性。

當然每個人對於居家環境的要求程度不一，有人每天要拖地板、有人常用吸塵器吸地、有人洗手台要隨時保持乾爽明亮，甚至玻璃窗都要擦得晶瑩剔透。不管是嫁給什麼樣的瑞士人，我想最終這是瑞士屋況都保持得不錯的原因。

瑞士人注重細節的完美個性，不局限於屋內，甚至屋外的花園、草坪都很在意。市區裡平常看到公園或路邊的花卉，都打理得整整齊齊，公園內綠油油的草地一定會定期修剪。自家花園的草若是太長、或是樹枝沒修剪，還有可能被鄰居善意的關心一下。由此可見，他們不但花許多時間來維持如此乾淨的居住環境，還希望大家都能共同遵守。

▲ 瑞士連街頭都會有清潔車定期打掃，街道保持得很乾淨

▲ 瑞士婦女是會照顧小孩又精明幹練的好媽媽

豆知識　瑞士名人錄

1. Herny Dunant／紅十字會創立人
2. Johanna Spyri／文學家，代表作《海蒂》
3. Paul Klee／藝術家
4. Le Corbusier／建築大師
5. Roger Federer／網球選手

在瑞士生活過的名人

1. 愛因斯坦(Albert Einstein)
2. 拿破崙三世(Napoléon III)
3. 華格納(Wagner)／德國音樂家
4. 盧梭(Rousseau)／法國思想家
5. 奧黛莉赫本(Audrey Hepburn)／女演員
6. 麥克舒馬克(Michael Schumacher)／賽車手
7. 蒂娜透娜(Tina Turner)／搖滾歌手

▲ 新穎又現代化的瑞士火車　　　▲ 安靜的頭等艙，是商務人士的最愛

搭火車才是王道

　　瑞士昂貴的交通費用，相信大家早有所聞；但是不論上班工作或是出門旅遊，多數瑞士居民依然會搭乘火車及公車，這是因為瑞士的鐵路系統非常完善，新穎現代化的火車硬體設備、精準的班次時刻、多元化的車票種類，種種因素都讓民眾喜歡搭乘大眾運輸。

　　因國土面積不大，如果以蘇黎世為中心，搭火車到巴塞爾、聖加崙、庫爾、伯恩、琉森等大城市，車程都約1小時左右，通勤上班真的很方便。加上瑞士的鐵路網密集，即使位處偏僻山區的小村落也設有火車站，更提高民眾搭乘火車的意願。

　　在瑞士搭過火車的人，一定會對它的乾淨與舒適讚不絕口。瑞士的火車分為一等艙和二等艙，前者比較安靜、人潮稍微少一點（尖峰時間一樣

▲ 寬敞舒適的瑞士一等艙車廂

▲ 即使二等艙也一樣很乾淨舒適

▲ 一等艙還有專門為商務人士規畫的車廂

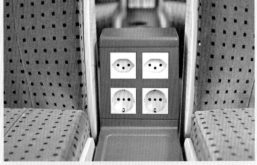

▲ 瑞士長途火車上都有提供充電插座

滿），是許多商務人士的最愛。至於經濟實惠的二等艙，坐起來其實也很舒適。

除此之外，瑞士的鐵路局提供各式各樣的交通票券。對於每天必須通勤的上班族，有所謂的年票（GA），一張二等艙的票價爲3,860CHF（約新台幣12萬元）；針對外國的觀光客，有經濟實惠的瑞士交通券（Swiss Travel Pass），還有半價卡等多種票卡提供乘客選擇。瑞士鐵路局也會不定期地推出各種優惠，算一算搭乘大眾運輸工具的確很划算。

穿山遁地無所不能

瑞士政府在發展各項交通建設的過程中，首要任務就是得面對崎嶇多山的地形劣勢。爲了要順利達成山區和城市之間的聯結，開鑿山洞、建高架橋、打造翻山越嶺的纜車，瑞士人成功地利用各種方式，克服天然的地理障礙，讓旅客們能夠輕鬆地抵達目的地，例如少女峰的登山齒軌列車、鐵力士山的旋轉式纜車，都是聞名世界的登山交通工具，可說是穿山遁地無所不能。

早期連繫瑞士北部和南部的葛達隧道（Gotthard Tunnel），自1882年啓用後就被視爲阿爾卑斯山區的重大工程。這條17公里長的葛達隧道曾經是世界上最長的隧道，不過在葛達基線隧道（Gotthard Base Tunnel）落成後，便取而代之。

 豆知識

世界最長的葛達基線隧道

耗時17年興建的新葛達基線隧道(Gotthard Base Tunnel)，於2016年12月起正式通車營運，長達57公里的新隧道躍升爲世界最長的隧道。這隧道僅供火車通行，最高速達每小時250公里，大幅縮短蘇黎世往返瑞士南部及米蘭之間的交通時間。

至於原先的葛達隧道(Gotthard Tunnel)，基本上就是慢車和葛達景觀列車會走的路線，一般開車的人也是經這條隧道。要特別提醒大家，在連續假日開始放假的時候，像復活節、暑假開始和秋假，在高速公路南下進入隧道前很容易塞車，到了收假北上的時候也很塞，經常都是一塞就是2～3個小時，開車旅遊的人要注意。

▲ 前往少女峰的登山火車

▲ 纜車是登山的最佳工具

▲瑞士的小朋友以圖卡記憶的方式學習中文。(圖片提供 / Debby)　▲ Michèle (圖片提供 / Michèle)

多語言的學習環境

　　瑞士人講多種語言，主要是地理因素優勢，其次就是他們的教育制度。他們從小在學校學語言，並不是以升學考試為目標。我看過小學生的語文教材，藉由繪畫、聽寫、遊戲的方式，來啟發小朋友學習語言的興趣為主。

　　平日打開電視，有瑞士德文(和德文不同)、法文、義文等多種語言的頻道，商品包裝上會標示各種不同的語言，瑞士小朋友在學校學習語言，日常生活中會接觸多種語文的環境，讓各個瑞士人都能成為語言天才！

　　既然瑞士人能夠講多種語言，那他們居民之間到底是用什麼語言交談呢？其實看情況而定。即使他們會講多種語言，不過流利的程度還是因人而異，來自不同語區的瑞士人有可能會用英文溝通。同一國家的人民，得需要用非本國語言交談，這種情況還真的很少見。

實習生制度

　　瑞士青少年在國中畢業後，選擇走技職學校的比例很高，家長支持小孩去公司實習，或前往工廠當學徒，學習一技之長。瑞士這種實習生的制度，已經有超過百年的歷史淵源，依照科系和學校的類別而略有異。當公司開出學徒徵才的職缺時，有的還需要靠關係介紹才能被錄用，競爭非常激烈。

　　如果在學校考試的表現不好，實習生還會被留級、甚至被公司開除，因此唸技職學校並不是隨便打混就能畢業。當然表現好的人，將來能獲得原公司聘用正職員工的機會。畢竟雇用實習生免去重新訓練新人的麻煩，許多企業都願意提供這樣的升遷管道。

　　能夠在學生時代就能接觸工作，有助於他們確認是否喜歡這項職業。瑞士的學徒制系統，正是年輕人低失業率的原因。這種培養人才的體系，不但可以啟發個人的興趣，新鮮人邁入職場時早已累積多年經驗，在專業領域上自然駕輕就熟。

▲在瑞士教中文的Debby及她的學生 (圖片提供 / Debby)

正面思考的教育

跟瑞士人相處這麼多年來，我發現他們樂天的個性，凡事樂觀面對的態度，很少未雨綢繆或有悲觀的負面想法，比較有活在當下的感覺。也許這是因為兒童從小就在鼓勵的環境中成長，加上社會福利好，所以沒什麼需要煩惱太多。

▲瑞士的環境養成居民喜歡走向戶外的個性

全民投票的民主國家

早在2百多年前，瑞士就實施第一次全國性的公民投票，雖然當時的婦女還沒有票權，不過就已經奠定民主國家的基礎。根據資料顯示，目前全世界所舉辦過的全民公投中，有一半以上是在瑞士所進行。由此看來，若說瑞士是世界上最民主的國家之一，一點也不為過。

每年瑞士大大小小的投票議題很多，包括政治、經濟、民生及外交各方面，至於投票方式，有傳統的勾選票單、網路投票，還有最不可思議的「舉手投票」。坐落於瑞士東北的阿彭策爾（Appenzell）小鎮，就是以傳統的舉手投票方式聞名全國。在投票當天，政府官員會先上台發表意見，然後台下參與的民眾們以舉手的方式來表決。但是參與投票的人數眾多，基本上不可能逐一計票，只能用目測的方式來決定。

姑且不論投票的結果如何，我們可以看見瑞士百分之百是個以「民」為主的國家。最重要的是，身為瑞士的一分子，大家都很關心並踴躍參與國事，這才是瑞士國民引以自豪之處。

▲非常具有瑞士傳統的阿彭策爾(Appenzell)小鎮

▲ 瑞士有各式各樣的歡樂節慶
(圖片提供 / Lilian)

▲ 親近大自然的生活態度

全民運動─登山健行

瑞士大部分的國土盤踞在阿爾卑斯山區，擁有這樣的天然資源，大家喜歡登山健行，聽起來似乎是理所當然。不過要成為一項全民都熱愛的運動，這其中必定是有其他特殊的緣由？

在十九世紀開始，來自國外的探險家陸續地來到瑞士，他們在勘察阿爾卑斯山的同時，並在山區打造許多健行步道和遊樂設施，成立「阿爾卑斯山俱樂部」的組織。由於瑞士山區很早就被開發，在兩次世界大戰期間又倖免受到戰火波及，因此登山鐵道或是纜車都能順利地完工，吸引大批人們前往山上一窺究竟。演變至今日，登山健行就成為最受瑞士民眾喜愛的活動。

如今，不管走到瑞士哪個角落，總是能看到登山纜車結合健行步道，完善的交通規畫也是大家想來瑞士健行的主因之一。在林木環繞的小徑，

▲ 許多瑞士人還會帶狗一起出門健行(瑞士Verbier山區)

吸著森林所散發出來的芬多精；或在空曠高聳的山區，望著連綿不絕的雪山；不論在哪裡，大山大水總讓人有種來到桃花源的錯覺。

雖然健行時雙腿會感到疲累，夢幻的景色和新鮮的空氣，卻能讓整個人瞬間又神清氣爽，運氣好的話，還能和野生動物不期而遇！尤其在5～10月間，日照的時間長，是造訪瑞士山區最佳的時機。

▲ 瑞士多山的地形是發展健行的有利條件

▲ 少女峰地區擁有上百條的健行路線

行家祕技 纜車是健行好幫手

大多數的遊客會搭乘纜車等交通工具上山，然後自山上走下來，這樣比較輕鬆。很多人來瑞士旅行，或多或少都會安排健行的活動，我建議大家依照自己的能力，選擇適合的路線，這樣才不會走到腳長水泡，影響接下來的行程！若是計畫要健行的人，記得要穿雙舒適的登山鞋，帶飲用水和餅乾等乾糧、小雨傘或輕便雨衣，這樣就能放心地出發。

▲ 完善的交通規畫，是大家喜歡在瑞士健行的原因之一
(圖片提供／瑞士少女峰旅遊局)

▲ 瑞士的健行步道都有黃色標示牌，清楚地告知遊客們前往的方向、預估時間

▲ 健行步道上醒目的紅白標記，指示行走的路線

網球強國

網球向來被視為紳士運動的象徵，這和瑞士人溫謙有禮的個性不謀而合。也許正因如此，瑞士孕育出男子網壇第一的費德勒（Roger Federer）、前球后辛吉絲（Martina Hingis）等好手。這些世界最頂尖的網球選手的加持，足以證明瑞士絕對是網球強國。

瑞士這麼小的國家，居然能培養如此多優秀的網球選手？瑞士各個鄉鎮，幾乎都擁有自己的網球俱樂部。有別於我們小學生下課後去上安親班，瑞士兒童放學後則是參加足球課、網球課等各種體育活動。即使是成人，很多人還是會抽空運動，網球俱樂部都有提供教練指導的課程，有心想學網球的人可以進步得很快。

這些網球俱樂部，每年不定期地舉辦網球比

賽，選手可以選擇適合自己的級別挑戰，還能獲得獎品及國內排名的積分，整個制度跟職業網壇很類似，只是這是專門給喜愛網球的民眾參加。俱樂部除了打球之外，還設有餐廳及酒吧，很多居民即使不打球，也會來這邊吃飯、喝咖啡、找朋友聊天。網球俱樂部儼然成為瑞士人重要的社交場合。

▲ 每年10月在巴塞爾舉辦的職業網球賽

慢活人生

　　住在瑞士湖光山色的環境裡，瑞士人從小就養成慢活的生活哲學，他們凡事淡定又有耐心的處理態度，看在我們眼裡就是不疾不徐的「慢郎中」個性。舉例來說，經常看到一群人在排隊，沒人會嚷嚷趕著要快一點，工作人員依然是照正常的速度去辦事，也無視任何壓力。

　　至於普通的上班族，很少聽說有人得加班，那萬一業務沒辦法在上班時間做完，該怎麼辦？其實效率好一點的話，通常工作都可以在上班時間內完成，說不定還能提早回家！我發現「慢活」和「懶散」其實有很大的差別；瑞士人雖然平常一派輕鬆的模樣，但是做起事來卻非常認真專注，成果也是值得令人讚賞，這就是為什麼這個國家能富強的原因。

▲ Jonny和公司同事，上班時也不忘開慶生派對

　　來瑞士定居多年後，我覺得這裡好適合老人或退休人士居住，因為生活步調緩慢。現在只要去倫敦、巴黎這些大城市，看著街頭車水馬龍和人潮如織的景象，大家走路的快節奏速度，便覺得好有壓力感。瑞士親近大自然的環境，就是能讓人感到輕鬆自在。

▲ 瑞士人慢活的態度是大家所欣羨的

行家祕技

一日作息與行程建議

瑞士人的生活作息

■07:00～09:00 避開上班尖峰時段

雖然瑞士的總人口才8百多萬，可是週一～五的上下班時間，幾乎每個城市都呈現人潮擁擠的狀況，路上塞車的機會也大大地增加。不論你是搭火車還是自行開車，建議盡量避開上下班的時間。早上起床後，悠閒地在旅館或是民宿吃完早餐再出門，這樣火車上的座位比較多，也不需要出去人擠人。

■12:00～13:30 中午準時用餐，事先訂位

瑞士人中午用餐時間滿準時，有的人甚至會提早個幾分鐘外出用餐。如果你計畫前往一些知名的餐廳吃午飯，最好事先訂位，否則會浪費排隊的時間。夏季天氣好的日子，不妨學瑞士年輕人，買份三明治及飲料，坐在路邊或公園裡解決一餐，既省時又省錢。

▶午餐就在酒吧或超市簡單吃

■17:00～19:00 下班擁擠，買東西請早

大約16:00開始，就進入下班的尖峰時段，搭火車會跟上班時段同樣地一位難求，若是還要購買車票的話，建議要提早幾分鐘到車站。除了幾個大城市之外，鄉下地方的店家營業時間只到18:30～19:00，想要買東西、上超市買晚餐，最好趕在19:00之前。

▶大約下午16.00起人潮會比較多

■19:00～20:00 晚餐，注意安寧時間

入夜的瑞士沒有太多的夜生活場所，算是相當地乏味。有人會在晚餐後泡酒吧，和三五好友聊天；有人則會選擇待在家裡休息。值得注意的一點，大多數的瑞士人非常注重居住品質，因此某些住宅區有所謂的安寧時間，也就是22:00過後「不洗澡」「不使用洗衣機」「不大聲喧嘩」等。萬一大家有機會到瑞士人家裡作客，一定要注意這些小細節，才不會當個沒有水準的訪客。

在瑞士一日的行程建議

■09:00～12:00 健行、參觀景點

用完早餐出門逛街、參觀景點、逛市集。若有安排健行活動，建議早上可以早點出發。萬一天氣不好，就把行程稍微調整一下。

■12:00～14:00 打點午餐

不管你是否有上餐廳的打算，午餐時間坐下來休息片刻，養足體力再出發。午餐可以上超市買些三明治類的輕食，或是利用超市的自助餐及熟食區，這樣的花費會比去餐廳便宜。

■14:00～18:00 逛街購物

用過午餐繼續參觀景點，也能安排逛街購物，否則早上就買東西的話，要提一整天也頗辛苦。

■18:00～20:00 豐盛晚餐

晚餐建議可以上餐廳，或是吃得豐盛一點。

■20:00～22:00 休息就寢

盥洗&休息時間，準備明天的行程資料，記得先查看隔天的交通資訊及天氣狀況。

行前準備
Preparation

出發前，該做哪些準備？

計畫來瑞士旅遊的首要步驟，首先就是要有「護照」及「機票」。
由於瑞士屬於申根國家地區，持台灣護照的旅客能免簽證進入瑞士待90天。

要準備的證件

持台灣護照的旅客不需要簽證，即可前往瑞士短期旅遊。

護照

如果是第一次出國的民眾，必須親自到「外交部領事事務局」申請新護照。疫情過後因為出國的人數很多，申請護照最好預留10個工作天（不含例假日），詳細說明及申請流程，請參考外交部領事事務局的官網。

若是已經辦過護照、沒有時間親自辦理的民眾，可交由旅行社代辦，只會酌收一些手續費，倘若要委託旅行社代辦，辦理天數會再增加1～2天。至於之前已經辦過護照的民眾，也要注意護照的效期，必須超過6個月以上才能入境其他國家，否則會有被他國海關拒絕入境的風險。

http www.boca.gov.tw

辦理護照需準備的文件

- 護照申請書（上外交部領事事務局全球資訊網下載）
- 6個月內的彩色照片兩張（直4.5公分×橫3.5公分）。也可以上傳數位照片，不管是哪一種方式，都建議用專業照相館所拍攝的照片，以免被退件
- 新式身分證正本
- 未成年人申請護照，需要經父或母、監護人在申請資料表下方的「同意書」簽名，並繳驗新式國民身分證正本
- 舊護照正本（非首次申請的人）
- 規費1,300元，未滿14歲900元

護照這裡辦

外交部領事事務局
http www.boca.gov.tw
✉ 台北市中正區濟南路1段2-2號3～5樓
☎ (02)2343-2888

中部辦事處
✉ 台中市南屯區黎明路2段503號1樓
☎ (04)2251-0799

雲嘉南辦事處
✉ 嘉義市東區吳鳳北路184號2樓之1
☎ (05)225-1567

南部辦事處
✉ 高雄市苓雅區政南街6號3～4樓
☎ (07)211-6600

東部辦事處
✉ 花蓮市中山路371號6樓
☎ (03)833-1041

🕐 **開放時間：**週一～週五 (國定假日不上班)
申請時間：08:30～17:00 (中午不休息)
💲 **護照規費：**新台幣1,300元，未滿14歲900元
ℹ **工作天：**一般件為4個工作天，遺失補發件為5個工作天

＊資料時有異動，請以官方公布的最新資料為主

簽證

　　瑞士為申根國家的會員國（非歐盟國），持台灣護照的旅客可以免簽證進入瑞士。雖然目前不需申辦簽證，Ricky還是建議大家購買旅遊保險、準備銀行的財力證明及住宿等相關資訊，以備海關查詢。在6個月內期間，持台灣護照的遊客可在申根國家地區最長停留90天。

　　如果你並非以旅遊為目的（例如留學、商務參展及依親），或是停留的天數超過90天，得辦理有效的簽證進入瑞士，需要前往「瑞士商務辦事處」辦理相關的手續。包括短期進修及訓練–學生需要準備入學許可證明、學生證或相關證件；如果是從事商務或參展活動，需要瑞士公司及主辦單位核發邀請函、參展證明。倘若是文化或體育等競賽活動，也得有相關單位的邀請函等文件才合法。

ETIAS

　　ETIAS全名為歐洲旅行資訊及授權系統（European Travel Information and Authorisation System），預計將於2024年1月開始實施，屆時計畫前往歐洲的台灣、香港、澳門及新加坡等國的游客，都必須線上申請並繳費後才能前往。但是不需要擔心，這並不影響旅客免簽進入歐洲的待遇。

　　簡單來說，ETIAS是一種比照電子簽證的概念，目前有60多國的公民在入境前必須事先上網提出申請，抵達歐洲時才能獲得入境授權。申請ETIAS其實很簡單，只要自行前往官網填寫基本資料後，直接刷卡付費就完成。18～70歲的旅客為7歐元，18歲以下及70歲以上免費，簽證效期為3年。相關的規定可查詢歐盟執委會官網。

🌐 travel-europe.europa.eu/etias/what-etias_en

簽證這裡辦

瑞士在台辦事處

🌐 www.eda.admin.ch/taiwan
@ taipei@eda.admin.ch
✉ 台北市基隆路一段333號31樓3101室(世貿大樓)
📞 (02)2720-1001
🕐 週一～五09:00～11:30
➡ 搭乘捷運淡水信義線到台北101／世貿站，或板南線到市政府站下車，再步行前往

＊資料時有異動，請以官方公布的最新資料為主

貼心 小提醒

並非所有歐洲國家都是申根國

　　要注意，英國、愛爾蘭、羅馬尼亞、保加利亞、賽普勒斯等國，因為非申根國家或不完全適用申根規定，停留的天數不算在申根國家的90天內，必須另外單獨計算。舉例來說，在瑞士或申根國家待滿90天後，接下來可以前往英國旅遊，停留英國的天數並不算進之前的90天內。

旅遊保險

　　雖然入境瑞士時海關不會查看旅遊保險，但是在瑞士看醫生或住院的醫療費用昂貴，Ricky建議大家出發前要購買含SOS的旅遊意外醫療保險，萬一臨時發生意外狀況，這樣比較有個保障（基本意外險不夠）。一般國內的壽險公司都有販售相關的產品，如果你真的沒有時間事先購買，保險業者在機場內也設有服務櫃檯，可以馬上申請辦理。

▶ 桃機出境航廈就能買保險

購買機票

由台灣出發，6月底～8月底是大熱門，機票要提早訂。

如何訂機票最划算

來瑞士自助旅遊的民眾，必須自行上航空公司的官網或是請旅行社代訂機票，上網購買機票的價位清楚，如果透過旅行社代訂機票，萬一航班有問題至少能找到客服窗口溝通，比較有保障。

旅行社代訂這裡查

下列是幾家網路上著名的旅行社，大家可以上網查詢看看！

飛達旅遊
http www.gobytrain.com.tw

易飛網
http www.ezfly.com

可樂旅遊
http www.colatour.com.tw

雄獅旅遊
http www.liontravel.com

＊資料時有異動，請以官方公布的最新資料為主

淡季vs旺季

往返瑞士的機票，淡旺季的價格落差頗大。如果由台灣出發，6月底～8月底是最熱門的旺季時段，其他遇到連續假日期間（如農曆新年），機票的價位也不會太便宜。倘若計畫在這期間來瑞士旅行，建議機票要提早訂，至少在半年前就購買，越接近出發日期，機票通常只會越貴。

至於冬天的話，少女峰區和策馬特區是炙手可熱的滑雪季，尤其是聖誕節和新年都是熱門的旅遊旺季，不但機票貴、住宿也很貴，強烈建議要提早預訂住宿才會有便宜的價位。

最近因為疫情、烏俄戰爭和通膨的緣故，航空公司的營運成本提高，基本上機票很難回到疫情之前的價位。目前台灣往返瑞士或歐洲各國，大約要接近4萬台幣，如果有看到3萬台幣以內的機票是很佛心的價位，可以馬上訂票沒問題。

▲ 冬季的策馬特比夏天更熱門

行家祕技 用Skyscanner搜尋比價

搜尋機票的方式，除了透過各家航空公司的官網逐一查詢外，最快又方便的途徑就是到Skyscanner搜尋引擎先比價一下，稍微瞭解各家航空公司的價位。大家可以直接上官網或是手機下載APP，兩者都非常便利。

使用Skyscanner的好處是，它會列出所有訂票的連結網址，你能依照價位、轉機次數等偏好去排序，找到最便宜的訂票網站。但是，透過這種訂票網站購買機票，萬一你要改行程或是退票的時候，會比較麻煩，有時會找不到客服人員來幫你處理。所以，我推薦各位去航空公司的官網或向旅行社訂票，這樣比較有保障。

貼心 小提醒

選擇最多轉機一次的航班

因為疫情的影響，有些航空公司還沒完全復飛，或者不會每天飛，所以在搜尋航班前要先確定每週的航班時間。大家在選擇航空公司時，我會建議選最多轉機一次就能抵達瑞士的航班，除非你是想用時間換取金錢，有人甚至會購買站外票(從他國出發經由桃園轉機去歐洲的票)。但是需要轉兩次以上的航班，不但花時間，對於長途飛行真的是勞心傷神，綜合來說，不一定真的划算。

挑選航空公司

買機票考量價格之外，轉機的方式和時間也很重要。由於目前台灣沒有航空公司直飛瑞士，一定要經第三地轉機，或是飛到鄰近瑞士的城市，再轉搭火車或公車進入瑞士。Ricky個人曾搭過幾家不同的航空公司往返台灣和瑞士，以下是以我自己的搭機經驗跟大家分享。

長榮航空

被航空乘客體驗協會(APEX)列為5星級的長榮航空，自從2022年10月開始，新增台灣直飛米蘭Malpensa機場的航班，加上從米蘭機場可搭火車直達瑞士南部盧加諾(Lugano)、貝林佐那(Bellinzona)等地，對於台灣的旅客是前往瑞士最方便的選擇。

目前直飛的航班是每週一、二、四、六晚上從桃園出發，回程是週二、三、五、日早上從米蘭啟程，在安排行程時要注意一下。雖然長榮航空的票價比較貴一些，但是直飛還是相對簡單。最重要的一點，持有台灣護照的旅客，自米蘭機場入境能走電子自動通關(還是會有海關蓋章)，省去許多排隊的時間。

http www.evaair.com/zh-tw

▲長榮航空飛米蘭是採用空中巴士787機型

中華航空

華航有航班從台北直飛法蘭克福、維也納或倫敦等地,再轉機到蘇黎世也很快。不過從法蘭克福轉機前往蘇黎世需要換航廈,建議多預留一些時間。如果不想轉機的人,能從法蘭克福機場搭火車到德瑞邊境的巴塞爾,車程約3個多小時。

http www.china-airlines.com

卡達航空

不論是餐點、硬體設備還是空服人員的服務,卡達航空都是長期保持在前5名的位置。不過因為多哈(Doha)沒有航班直飛台北,所以得轉兩次機,整體的飛行時間會比較久。

http www.qatarairways.com

瑞士航空

瑞士最主要的航空公司,從蘇黎世銜接世界各大城市,是國際旅客來瑞士的首選。從台灣出發可以經由東京、香港、曼谷或上海等地轉機。雖然瑞航整體的評比沒有新航或卡達等航空來得高,但還是有4星級的水準。

http www.swiss.com

國泰航空

國泰航空每天一班飛機往來香港到蘇黎世之間,是許多遊客來瑞士的熱門選擇。在疫情前,每年度的航空公司評鑑,國泰航空的評分都列於世界前10名的位置,是相當優質的航空公司。

國泰航空是在香港轉機,不論是機場內還是機上的空服員,都能夠以中文交談,即使不會講英文的旅客,也能輕鬆地轉機飛往瑞士,完全不需要擔心有語言溝通上的障礙。

http www.cathaypacific.com

新加坡航空

搭過新航的旅客應該都讚不絕口,不但位置舒適,服務也非常優質,Ricky自己搭過的經驗也是非常好。如果真的要挑缺點,就是總航程的時間比較久一點,價位也不是太便宜。利用過境新加坡時,順便入境玩幾天也不錯。

http www.singaporeair.com

其他常見的航空公司

■**泰國航空:**台北→曼谷→蘇黎世
　http www.thaiairways.com

■**阿聯酋航空:**台北→杜拜→蘇黎世
　http www.emirates.com

■**大韓航空:**台北→首爾→蘇黎世
　http www.koreanair.com

▲ 小檯燈是華航商務艙的特色　　▲ 卡達航空得在多哈機場轉機

▲ 瑞士航空　　▲ 國泰航空的商務艙座位　　▲ 新航飛蘇黎世採用空中巴士350機型

貨幣匯兌

瑞郎現金和信用卡都要隨身攜帶。

包括飯店、餐廳、火車站和超市，瑞士幾乎到處都能刷卡，少數的小店家及路邊攤，或是上廁所需要零錢，這些都只能使用現金付款。因此來瑞士旅行，還是換些現金比較方便。

銀行匯兌現金

台灣地區的民眾，可以前往台灣銀行總行或兆豐國際商銀兌換，建議大家換100元以下的紙鈔就好，有些小店及餐廳不收200及1,000元面額的鈔票。如果在瑞士境內，機場或大火車站都有換鈔櫃檯，不過只能用歐元、美金等貨幣兌換瑞郎，無法用新台幣直接兌換瑞郎。

信用卡

一般商家及餐廳都接受刷卡服務。隨身攜帶的信用卡或提款卡，還能作為入境瑞士旅遊所需要的財力證明，不需要再去銀行申請英文版存款證明的紙本單據。但是有些信用卡在國外刷卡需要密碼，有的直接簽名就行，在出國前先跟自己的發卡銀行確認妥當，並多帶幾張卡在身邊，以防萬一。

旅行支票

除非是準備長久停留，類似留學之類，否則現在一般觀光客很少使用旅行支票。直接刷卡或是在當地的提款機領現金，是最便利的方式。

跨國提款

萬一你兌換的瑞郎不夠用，可以拿著台灣的金融卡，直接從瑞士當地的提款機提領現金。但是千萬要記得，得先在台灣的提款機設定國外領款的密碼後，才能在海外多數的提款機領取現鈔（少數的提款機不提供這服務）。

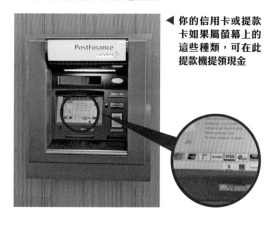

◀ 你的信用卡或提款卡如果屬螢幕上的這些種類，可在此提款機提領現金

跨國提款步驟 Step by Step

Step 1 確定卡片背面有國際聯合提款標誌

如「Plus」、「Cirrus」等。

Step 2 找有國際聯合提款標誌的提款機，插入卡片

將卡片插入右手邊的地方。

Step 3 選擇語言

由上至下：德、法、義、英。

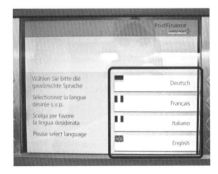

Step 4 輸入密碼、選擇金額

輸入密碼時請留意周圍情況，不要被看到。通常每天取款的上限是1,000CHF，視各家銀行的規定。

Step 5 取出提款卡

領取鈔票後，記得拿回提款卡。

Step 6 領取現金，清點數目是否正確

行李打包

留意天氣狀況，準備衣著及行李。

因季節的不同，瑞士的天氣和溫度會有相當大的差異。除此之外，瑞士的物價昂貴，很多來瑞士自助旅行的遊客會隨身帶些泡麵，可以省下幾餐的費用。至於行李的重量規定，每家航空公司略微不同，經濟艙旅客託運行李的重量限制為20～30kg，商務艙為30～40kg，超過1～2kg通常都在接受範圍內。手提行李的重量上限為8kg，行李箱的尺寸不得超過55×40×20cm，而且不能攜帶任何危險物品，包括指甲刀等美容用品。

貼心 小提醒

四季皆需準備適合的外套

由於瑞士位於山區，整體的氣候偏涼，早晚的溫差頗大，穿著足夠保暖的衣物就非常重要。夏天的時候，穿T-shirt、短褲會比較涼爽，不過早晨及傍晚過後，可能需要薄夾克或是長袖的衣服。

寒冷的冬季，羽絨衣或是厚實的大衣是必備品，內部除了毛衣或是長袖衣物外，最好再多加一件衛生衣(褲)、手套、圍巾更是冬天的必備品。至於春秋兩季，溫度大約在20度以下，基本上，還是需要穿長袖的衣服搭配外套。

行李檢查表

√	物品	說明
	隨身行李：證件、現金、信用卡、手機等貴重物品	
	護照、簽證	有效期限至少6個月以上，並影印或拍照備份。瑞士免簽證。
	機票、住宿資訊	列印訂票、訂房資料。
	旅遊保險單	仔細閱讀保單內容，並謹記理賠所需文件。
	信用卡、提款卡	若是計畫在國外提款機取款，要先向銀行確認密碼及卡片功能。
	證件大頭照	準備好2～3張大頭照，以利在國外需補辦證件之用。
	手機	通訊及上網都很方便，拍照記錄旅行中的點點滴滴。
	零錢包、現金	瑞士法郎或是歐元。
	筆／旅遊書	方便填寫資料或是記下旅遊資訊。
	筆電、網卡	星級旅館大多需額外付上網費用，大多數的民宿提供免費無線上網。
	託運行李：100毫升以上液膏膠狀物，不能隨身帶	
	衣服	＊以輕鬆舒適的服裝為主，冬天要帶足保暖衣服。 ＊觀賞正式表演或上高級餐廳用餐時，均需穿著正式服裝。
	盥洗用品	一般青年旅館或2星旅館，不太提供盥洗用品。
	衛生用品	自行攜帶或當地超市、藥妝店購買。
	化妝品、保養品	瑞士的天氣乾燥，建議攜帶乳液。
	防曬裝備	準備防曬乳液、太陽眼鏡及帽子等防曬用品。
	雨具	準備折疊式小雨傘以防萬一。
	水壺、餐具	隨身帶水壺出門可以省下不少飲料的費用。
	萬用插頭變壓器	充電器要準備妥當，並要確定轉接頭或是萬用插頭，通常飛機上有販售。
	藥品	可以帶一些常備藥品，特殊藥物記得要攜帶處方證明。

機場篇
Airport

抵達機場後，如何順利入出境？

台灣並沒有飛機直飛瑞士，一定要經由第三地轉機。

目前，可以搭乘長榮直飛米蘭再搭車進入瑞士，是前往瑞士最快的方式。

在本篇中，Ricky將教大家如何轉機、及抵達瑞士之後入關的所有步驟，

讓你可以安心地出國旅遊。

搭飛機前往瑞士

除了瑞士境內，鄰近的幾個大都市也是很方便的進出點。

如果你自認英文不好，又擔心不知道如何轉機，我建議你搭長榮直飛米蘭的航班。倘若轉機對你不是問題，那麼經由香港、新加坡或是曼谷轉機，都有中文的指標，相對來說會比較簡單。若是在歐洲的其他城市轉機，有可能需要更換航廈或跑去櫃檯拿另一段的登機證，對於英文不佳的人是一大挑戰。

除了飛到瑞士之外，鄰近瑞士的大機場也是可以考慮的進出點，例如德國的法蘭克福(Frankfurt)、義大利的米蘭(Milan)。義大利米蘭的Malpensa機場距離瑞士邊境僅1小時的車程，有公車及火車直達瑞士南部，搭車進入瑞士非常方便。

台灣出境步驟

Step 1 前往桃園機場

計畫從桃園出國的民眾，可以搭乘火車或高鐵至桃園站，再轉搭機捷前往。若是不想換車，各縣市也都有直達桃園機場的客運。目前桃園機場有兩個航廈，在出發前務必上網確認班機是從哪個航廈起飛。

http www.taoyuan-airport.com

Step 2 櫃檯辦理登機手續

抵達機場後，先查看電子看板、尋找搭乘的航空公司櫃檯，依序排隊辦理登機手續，並拿到登機證，確認名字是否正確。Ricky建議至少於飛機起飛前的2～3個小時到達機場，如果是搭商務艙的旅客，2個小時前到機場就足夠了。

Step 3 通過安檢及海關

只要備妥登機證和護照，出境台灣都不會有什麼問題。接下來要通過安檢，記得手提行李內不能攜帶違禁品，包括超過100ml的液體、刀子類、髮膠噴霧罐等等，以上這些東西都要託運。

如果有危險物品要▶ 在安檢前丟棄

▲ 出境時會經過海關，或是走自動通關

Step 4 前往登機閘口

登機證上都會註記開始登機的時間及登機門號碼，再次查看電子看板，確認班機的編號與登機門是否正確。登機門都會分區，以英文字母A、B、C、D分區，然後加上數字，例如A4就是A區的4號門。有時候登機門會臨時更換，務必提早前往登機門等候，並注意聽機場廣播內容。

Step 5 準備搭機

抵達登機門後，通常需要在這裡等候廣播搭機，通常是有小孩的家庭、殘障人士和商務艙的旅客優先登機。有時因為航班調動、配合降落的時間，飛機延誤起飛是正常的情況。

Step 6 轉機

抵達轉機地後，找到轉機(Transfer)的標誌，然後查看電子看板對照飛機的航班及閘口的編號，並前往登機的閘口。若是還沒有第二段登機證的旅客，要先前往轉機櫃檯拿登機證。除非是自己分兩段買的機票，否則一本票(同一個訂位代號的機票)的遊客，基本上不需要在轉機地入境辦理報到手續再出境。

瑞士入出境步驟

入出境瑞士的通關時間通常很少延誤，行程不太會受影響。

連續好幾年，蘇黎世機場都被評比為歐洲服務最佳的機場，不但機場內的指標明顯，通過海關及領行李的速度也非常快。根據Ricky自己搭飛機進出瑞士的經驗，從飛機降落→通關→領行李，整個過程平均大約花40～50分鐘左右，通常很少有延誤的情況。

入境瑞士蘇黎世步驟

Step 1 飛機降落

當飛機降落在跑道時，千萬不要急著解開安全帶，要等候飛機完全停止，連接空橋後，聽廣播指示才能站起來，然後排隊走下飛機。

Step 2 跟著出口的指標走

走出空橋後，一路跟著出口（Ausgang/Exit）的指標走。大多數從亞洲直飛瑞士的長途航班，會抵達E航廈（接Step 3）。

若是從台灣直飛歐洲其他的申根國家，再轉機來瑞士的話，可以跳過Step 3和4。因為在第一個申根國家就有海關檢查護照的手續，抵達瑞士後便不用再過海關，從申根國家到瑞士的歐洲航線通常會抵達A或B/D航廈。

A.出口方向 / B.提領行李 / C.前往各航廈的指標

Step 3 前往手扶梯＆搭電聯車

抵達E航廈閘口的旅客，要搭乘手扶梯，來到電聯車（Skymetro）的候車處，前往機場的主大樓，車程大約只需要2～3分鐘，搭車時會傳來牛鈴聲及播放阿爾卑斯山區傳統音樂，搭配著美妙的風景圖片，歡迎旅客們來到瑞士。相信在長途飛行後，頓時間讓人有耳目一新的效果。

▲ 機場的電聯車

Step 4 海關&證件檢查

　　沿著出口（Ausgang/Exit）的指標走，來到海關檢查護照的入境處。進入瑞士不用填寫入境卡，直接排隊通關即可，隊伍會分為歐盟／瑞士籍（EU/CH）的通道、所有護照的通道（All Passports）兩者。也許海關會問些簡單的問題，例如來瑞士多久、要去哪兒等等。最好備妥旅遊行程計畫、回程的機票，以供查詢。

▲ 排隊過海關

Step 5 找行李轉盤

　　通過海關後，接下來循著提領行李（Baggage Claim）的指標走，便來到拿行李的轉盤處。查看一旁的電子螢幕，找到自己班機號碼及輸送帶編號，等候行李。

A.航班的出發地 / B.航班編號 / C.行李輸送帶編號

Step 6 提領行李

　　在行李轉盤處等候行李，旁邊有手推車可以使用，能直接推到火車站的月台上。若是行李不見，一旁有失物登記中心（Lost and Found），趕緊去櫃檯查詢。

A.行李輸送帶編號 / B.機場出口標示(往火車站方向) / C.遺失行李登記處

▲ 遺失行李登記處

Step 7 出關

　　出關前會有一道行李抽查的關卡，若是你沒有任何東西要申報的話，直接走綠色的通道出去即可。如果攜帶昂貴的商品，或是有東西需要申報，得走紅色的通道。

Step 8 走到火車站的售票窗口

領完行李並出關後，外頭便是接機大廳。這裡會有計程車招呼站、公車站（包括旅館的接駁公車）、電車站及火車站的指標。從機場走到火車站的售票窗口，大約10分鐘左右。

▲ 機場大廳：A.往停車場、電車站、公車站／B.往火車站及售票櫃檯(搭手扶梯往下一層)／C.Migros超市&餐廳區

Step 9 購買火車票

蘇黎世機場的火車站售票窗口，早上6點就會有專員在那裡，若是還沒有車票的旅客，可以在這裡買到各種車票。

▲ 機場的火車站售票機：A.只賣蘇黎世區域的車票／B.販售前往瑞士各地的火車票

Step 10 搭火車

買好車票後，搭乘手扶梯往地下樓層去，便是火車站的月台。**請注意** 若你的目的地不在時刻表的螢幕上，則需先搭火車到蘇黎世中央火車站(Zurich HB)轉車。

時間	車種	目的地	月台
08:02	S16	Oerlikon Zürich HB Herrliberg-Feldmeilen	3
08:04	IR	Oerlikon Altstetten Baden Basel SBB	1
08:09	S2	Bassersdorf Effretikon	1
08:10	IR	Zürich HB Olten Solothurn Biel/Bienne	4
08:13	IC	Zürich HB Bern Genève-Aéroport	3
08:18	IC	Winterthur Weinfelden Romanshorn	1
08:20	S2	Oerlikon Zürich HB Thalwil Ziegelbrücke	3
08:22	ICN	Winterthur Wil Gossau St. Gallen	2
08:32	S16	Oerlikon Zürich HB Herrliberg-Feldmeilen	3
08:39	S2	Bassersdorf Effretikon	1
08:40	IC	Zürich HB Bern Thun Spiez Visp Brig	4
08:43	ICN	Zürich HB Aarau Olten Lausanne	3
08:47	IR	Oerlikon Zürich HB Thalwil Zug Bern	4
08:48	IR	Winterthur Weinfelden Konstanz	1
08:51	S2	Oerlikon Zürich HB Thalwil Ziegelbrücke	3
08:52	IC	Winterthur Wil Uzwil Gossau St. Gallen	2
09:01	S16	Effretikon Winterthur Thayngen	2
09:02	S16	Oerlikon Zürich HB Herrliberg-Feldmeilen	3

▲ 時刻表：A.發車時間／B.火車的車種／C.列車目的地／D.搭乘月台

行家祕技 轉機順便逛逛蘇黎世

持有台灣護照的旅客，都能免簽證進入申根區國家旅遊。若是你會在蘇黎世轉機前往歐洲其他城市，轉機時間超過6小時以上的話，不妨考慮前往蘇黎世市區逛逛。畢竟轉機時不需要等待託運行李，從機場搭火車到市區僅十來分鐘的車程，時間上相當足夠，只要在飛機起飛前2小時返回機場就沒問題。

機場篇

入境義大利米蘭步驟

自從長榮新增桃園到米蘭的直飛航線後,許多遊客都會選擇從義大利入境,再搭車進瑞士,畢竟直飛的航班還是方便些。以下便是從米蘭入境的圖解說明。

Step 1 跟著出口的指標走

飛機降落,先不要急著站起來拿東西,等滑行完全停止連接到空橋後,才能解開安全帶。確認行李和所有東西都拿了,依序走出空橋,就會看到出口(Uscita/Exit)的綠色標誌牌。

Step 2 走往海關檢查護照

跟著出口的標誌走到底,就是海關檢查護照的關卡。在前進的同時,地面上會標示藍線「歐盟護照持有者」(EU Citizen),及白線「所有護照」(Tutti Passaporti)。持有台灣、日本、南韓、美國、加拿大等國護照的人,可以直接往地上有藍線的那邊靠過去,走自動通關(僅限年齡14歲以上)。

Step 3 自動通關

抵達自動通關前,會有告示牌標示能使用自動通關的國家。自動通關包括歐盟地區的居民和它上面標示的國家,兩者是走不同方向,通常都會有服務人員在一旁指引。

Step 4 機器掃描通關

米蘭機場的自動通關系統,速度不像台灣的機器那麼快,需要花點時間。首先,看到機器的箭頭綠燈亮起後,就能走向前把護照翻到個人資料頁,平放到機器掃描處。接著再依照螢幕指示,進行臉部掃描。當自動門開啟後,把護照拿給海關蓋章,就完成過關的程序。

Step 5 領取行李

出關後,就去到行李輸送帶的轉盤。先看電子螢幕航班的編號,對照轉盤的號碼,去等候自己的行李。

Step 6 出關

拿到行李之後，從8～9號轉盤中間的地方往前走，就會通往出關的出口。通常會有海關在這邊抽查行李，肉類、奶製品等都屬於違禁品，請勿攜帶。如果沒有東西要申報，走綠色看板下方的通道。

Step 8 抵達火車站

抵達火車站售票機器和窗口，從電子看板查看發車的月台，旁邊的手扶梯下去就是月台。從米蘭機場到瑞士境內盧加諾(Lugano)、貝林佐那(Bellinzona)每個小時都有火車直達。持有瑞士交通券的旅客，只需要補機場到斯塔比奧(Stabio)的車票就好。

Step 7 前往火車站

出關後，往左邊的方向直走，就會看到火車站(Treni)、Sheraton Hotel的指標，搭電梯或手扶梯到地下樓層，步行前往火車站。自機場出關走到火車站約10分鐘左右，火車站就在Sheraton飯店的旁邊，兩者是同一個方向。

出境瑞士步驟

因為瑞士安檢及過關的速度很快，要準備搭飛機離開瑞士時，大約提早在飛機起飛前的2個半小時抵達機場就已經足夠。如果需要辦理退稅或是購買紀念品的人，可以再提早一些。除非是逾期居留或有犯罪紀錄的旅客，否則出境瑞士海關時，海關人員不會詢問任何問題，通常都能順利出關。

▲ 從機場火車站走上來，就是Check in 3的報到處

Step 1 搭火車去機場

瑞士主要大城市都有火車直達蘇黎世機場（Zürich Flughafen），如果班車的時間無法配合，不妨先搭車到蘇黎世中央車站（Zürich HB），然後再轉車到機場也很方便。蘇黎世機場不大，通常提前3小時抵達機場就足夠了。

Step 2 找航空公司櫃檯

抵達機場後，先查看電子螢幕看板，尋找自己搭乘的航空公司櫃檯所在，依照Check-in 1、2、3處的告示牌，走到指定的櫃檯辦理登機報到手續。左邊藍色的是飛離蘇黎世的航班資訊，綠色的是抵達機場的班機資訊。

如果你是搭乘瑞航、漢莎等同一集團的航空，可以在搭機的前23個小時就去機場先託運行李。這樣一來，隔天就不需要在那邊排隊，自己上網辦好登機手續，直接就能輕鬆地搭機。尤其如果是搭乘一大早的航班，還能睡晚一點。

Step 3 前往機器列印登機證

目前，在瑞士搭機都採取自動辦理登機的服務。如果搭乘瑞士航空的旅客，搭機前的23小時就可以自行上網辦理登機手續（許多航空公司都能提前辦理，但是規定的時間不一樣），並預先選取或更換座位。已經上網完成登機手續的人，系統會將電子登機證傳送到手機的簡訊，或是前往機場後再去機器列印登機證，再接著去櫃檯託運行李即可。

Step 1 抵達Check-in的櫃檯時，要先去機器列印登機證及行李的條碼。萬一不會操作的話，一旁都會有航空公司的服務人員在旁協助。

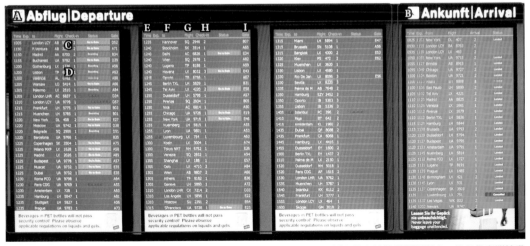

▲ 電子螢幕看板：A.飛離蘇黎世的航班資訊／B.抵達機場的班機資訊／C.橘色代表前往登機閘門／D.綠色代表開始登機／E.起飛時間／F.目的地／G.航班編號／H.辦理登機櫃台／I.登機閘門

2
Step 自行上網辦理登機，就會有網路登機證，也可以去機場的機器列印出來。

3
Step 已經事先上網辦理登機手續的人，將登機證傳送到手機，到機場後便跳過前兩步驟，直接到櫃檯託運行李即可。有時候排隊人潮比較多，先上網辦理登機能節省一些時間。

4
Step 到機場自行辦理登機手續時，行李的條碼會和登機證一起列印出來。

Step 4 海關及安檢

在進入安檢的程序前，旅客需要拿登機證給相關人員檢查或自行掃描機器才能通過。如果是在其他申根國家轉機回台灣的旅客，則會在轉機點才有海關的出境檢查，從瑞士飛往其他歐洲的申根國家，不會有海關檢查護照。

▲ 通過第一道海關後，會先進行安檢，接下來才會有查驗護照的海關

Step 5 前往登機閘門

蘇黎世機場有A、B、D、E等4處登機閘門，通常返回亞洲的航班位於最遠的E閘門。

從海關走到登機閘門需預留30分鐘左右，尤其是E閘門必須搭乘接駁電車前往另一個航廈，需要多留意時間。

▲ 搭乘國泰、瑞航、新航、泰航等航空公司的旅客，需要前往E閘門。前往登機E閘門需要搭乘手扶梯後，再轉搭電聯車

Step 6 等待登機

通常登機的時間為飛機起飛前30～40分鐘，務必提前抵達登機門等候廣播通知，再依序排隊上飛機。有時候因為航班變動的關係，登機閘門會臨時更換，所以在機場候機時要隨時注意廣播，或是注意登機門的電子看板，以免錯過班機。

💗 貼心 小提醒

必須託運的隨身物品

如果你有攜帶隨附指甲刀、瑞士刀功能的鑰匙圈，或是紅酒等液狀的東西，則必須放在託運行李內，這些都不能通過安檢並帶上飛機。

行家祕技

認識蘇黎世機場各項指標

　　雖然蘇黎世機場的規模不大，卻連續好幾年榮膺歐洲最佳機場的頭銜，這要歸功於它各方面便利的設施。機場距離市區搭火車才十幾分鐘的車程，對每一位出國的旅客，都能夠輕易地自行搭火車到機場。由於瑞士人精準的服務效率，通關、提取行李也相當地快速，節省旅客不少寶貴的時間。

　　疫情過後，瑞士是非常熱門的旅遊景點，機場的人潮比之前多了很多。不論辦理登機、安檢和過海關，幾乎都要花一些時間排隊，最好提早3小時左右去搭機比較保險。

辦理登機手續櫃檯	提領行李處	離境	入境
火車站	電車站	公車站	寄物櫃
電梯	出口	兌換貨幣	廁所

從蘇黎世機場到市區

從機場到市區最理想的方式就是搭火車。

由於蘇黎世為瑞士最主要的機場，往來各大城市之間的大眾交通運輸很方便。從機場到市區最理想的方式就是搭火車，班次頻繁也無須擔心塞車問題，持有瑞士交通券(Swiss Travel Pass)的旅客不用再買車票，省時又划算。

如果要開車到機場接送親友的話，建議把車子停在附近的P1停車場，否則在機場出入境大門的入口處(Arrival 1和2)，一般的自用轎車停留5分鐘就需要4CHF，10分鐘內6CHF。

▲ 蘇黎世機場

搭火車

從蘇黎世機場出關、領完行李、走到火車站搭車，全程約40～50分鐘就已經足夠，可以事先查詢火車的班次，以方便掌握行程。機場線的火車班次很密集，萬一沒搭到車的人也不需要緊張，可以先坐下來喝杯咖啡，悠閒地等待下班車次。

 Step 1 跟著指標走

機場和火車站是兩棟比鄰的建築，跟著機場內Bahn（Railway）標示牌的方向走，便會來到蘇黎世機場的火車站（Zurich Flughafen）。

← **Bahn Railway**

Step 2 購票

前往售票櫃檯或是自動售票機購票。機場的火車站售票櫃檯營業時間為06:15～22:30，包括瑞士交通券、半價卡（Half Fare Card）或家庭卡（Swiss Family Card），都能在這裡購買。如果你擔心語言能力不好無法溝通，不妨在台灣就先向飛達旅行社訂購，這樣一抵達瑞士就能啟用。

Step 3 查看資訊

查看電子看板的班車時間及月台，也可以直接在手機下載瑞士國鐵的APP，就能事先查詢火車班次。

Step 4 月台搭車

乘手扶梯到地下月台，並搭火車前往蘇黎世中央火車站（Zurich HB）或是其他城市。從蘇黎世機場有直達的列車前往日內瓦、洛桑、伯恩、巴塞爾、琉森等主要大城市，計畫前往義大利語區或其他城市的旅客，需要在中央火車站換車。詳細的班次可以查詢瑞士國鐵網站。

http www.sbb.ch

搭公車

從機場到蘇黎世市區最便捷的方式就是搭火車，一般民眾很少搭公車。除非你是住在機場附近或是機場周邊的飯店，可以依照指示牌搭乘公車前往。機場附近的飯店都會提供免費的接駁巴士，平均每10～15分鐘便有一班車往來機場和飯店之間，可以多加利用。

▲ 機場附近的旅館都有免費接駁車

搭計程車

從1、2號出口走出來，都能看見計程車的招呼站牌，位於機場Hotelbus旁，排班計程車車身上會有Airport taxis字樣。此外，下載APP（Airport Taxi Zurich）叫車也很方便。瑞士的計程車不便宜，自機場前往市區的車資約50CHF起跳，耗時約20分鐘，所有的車都接受信用卡付款。若使用Uber叫車，車資會比一般計程車稍微便宜些。

▲ 機場外的計程車招呼站

交通篇
Transportation

如何利用各式交通工具，在瑞士到處遊透透？

來瑞士旅遊，火車、公車及電車等大眾公共運輸是最方便的交通工具，
沒有你到達不了的地方。當然，要使用什麼票券及如何查詢交通方式，
是自助旅行一門重要的功課。

搭火車暢遊瑞士

在瑞士，只需要看得懂英文字母和數字就一定會搭火車。

瑞士的鐵路系統堪稱歐洲之最，完善的交通網絡及精準的火車班次，讓旅客能放心地掌握旅途的行程規畫。再加上瑞士鐵路的網站提供詳細的搭車資訊，出門前先作好功課的話，獨自在瑞士搭火車絕非難事。

或許很多人喜歡租車遊歐洲，不過Ricky自己認為搭火車遊瑞士絕對比自己開車來得方便，不但能夠專心地欣賞窗外的風景，瑞士多山的地形對於不習慣開山路的觀光客也是一大挑戰。

瑞士位於阿爾卑斯山區，大部分的觀光景點，十之八九都和「山」脫離不了關係，如少女峰、馬特洪峰、鐵力士山等知名山嶽，遊客們想前往參觀這些名峰，往往要搭乘纜車或是齒軌火車才能夠抵達，如果自行開車前往，還是得再額外花錢買纜車票上山。

▲ 阿雷奇冰河區的Riederalp

▲ 阿雷奇冰河區的Bettmeralp村莊，只能靠搭纜車抵達

為了維護山區的空氣品質，有些小鎮禁止外來車輛進入，只能搭火車或纜車才能前往這些景點，例如策馬特、穆倫(Mürren)或是阿雷奇冰河區的村莊。除此之外，搭火車的車程時間容易掌握，不像開車還有可能會遇到塞車或是下大雪等因素而延誤到行程，所以有機會來瑞士的遊客們，不妨考慮搭火車來遊瑞士！

▲ 聯繫瑞士南北的特雷莫拉(Tremola)山路

看懂火車看板及月台

　　雖然在網路上就已經能查到很多實用的搭車資訊，不過我還是建議各位抵達火車站的時候，最好再確認一次。瑞士的火車站內，有黃色及白色兩種火車時刻表的看板；黃色看板是每天從該車站發車的班次時間，白色則是火車抵達車站的時間。基本上，搭車的遊客只需要看黃色的時刻表就可以。

▲ 每個火車站都有黃色(發車)及白色(抵達)的火車時刻表

　　另外有一種電子的螢幕看板，它會依照發車的時間顯示出各列車的月台；跟上述黃色看板不同的是，這種電子看板只顯示「即將」要出發的火車，也就是接下來的30分鐘～1小時內從該車站開出的車次。若是你在早上要查下午的火車班次，那就要去看黃色紙張的看板。

Partenza				Binario Osservazioni
07.27 S10	Giubiasco Lamone-C. Lugano	Chiasso		3
07.30 S20	Giubiasco Cadenazzo Gordola	Locarno		4
07.36 ICN	Arth-Goldau Luzern Olten	Basel SBB		1
07.39 S10		Biasca		3
07.54 S30	Giubiasco Cadenazzo Luino	Gallarate		5
07.57 S10	Giubiasco Lugano Como S.G.	Albate-Camerlata		3
08.00 S20	Giubiasco Cadenazzo Gordola	Locarno		6
08.06 IR	Biasca Luzern Olten	Basel SBB		1
08.16 S10	Giubiasco Cadenazzo Tenero	Locarno		4
08.25 ICN		Lugano		2
08.27 S10	Giubiasco Lamone-C. Lugano	Chiasso		6
08.30 S20	Giubiasco Cadenazzo Gordola	Locarno		4
08.36 EC	Arth-Goldau Zug	Zürich HB		1
08.39 S10		Biasca		3
08.54 IR	Cadenazzo	Locarno		2
A	**B**	**C**	**D**	**E**	**F**

A.發車時間 / B.火車車種 / C.沿途停靠站 / D.終點站 / E.搭乘月台 / F.附註

注意中途分開行駛的列車

　　瑞士有些路線的火車，行駛到某個地方後，同一列火車會分成兩節車廂，分別往不同的目的地前進，搭車前或上車後，要記得留意車廂內的電子螢幕，否則很容易搭錯車。一般遊客比較容易遇到的路線有；

■ **從茵特拉根東站(Interlaken Ost)出發的列車**：到Zweilütschinen之後會分別開往格林德瓦(Grindelwald)和勞特布魯嫩(Lauterbrunnen)。在茵特拉根搭車時，地面上會提醒乘客，大家要注意看。

■ **從貝林佐那或盧加諾開往米蘭Malpensa機場的火車**：在Stabio之後，也是會分兩節車廂行駛。一節繼續開往米蘭機場，另一節開往Varese。

▲ 在茵特拉根東站搭車時，月台地面上會提醒乘客

▲ 茵特拉根東站是前往少女峰的門戶

搭火車步驟 Step by Step

Step 1 買票

抵達火車站後，先去買票(若已經有瑞士交通券或用手機購票的人，可以跳過此步驟)。

Step 2 查看列車資訊

透過手機的APP，現在都能事先查詢火車班次時間、搭車月台等訊息。不過有時因為火車延誤影響，偶爾還是有臨時更改月台的可能性，因此搭車前要仔細聽車站的廣播，最好隨時注意月台上的電子螢幕，確認搭車的月台&時間。如果火車有誤點的情況下，會同時在APP或這個電子螢幕上顯示。

Step 3 前往月台候車

走到月台後，記得再次確認月台上方的藍色看板是否為自己搭的車，因為有可能前一班火車延誤還停在那裡，或是兩班車的時間太接近，就很容易上錯車。瑞士的月台都是以數字編號，有的月台比較長，還會依字母分區。例如A區、B區等等。

Step 4 確認月台的看板資訊

看板最右邊的數字代表月台，左上角會有下一班火車抵達月台的時間。時間的下方，則是火車行經的站名和目的地，確認無誤之後就可以安心地上車。由於看板的大小有限，有時候不一定會列出所有的停靠站。

A.火車編號 / B.發車時間 / C.目的地 / D.途中會經過的站點(不會全部列出) / E.火車的車廂和停靠月台的區域對照(2代表二等艙，1代表一等艙，月台上會標示A、B、C、D各區域。乘客可以在正確的位置等車，待火車抵達後，不必在月台上奔跑找車廂) / F.月台編號 / G.月台和區域標誌(圖中為第三月台的C區)

Step 5 等候火車到站

一定要事先看好自己的車廂艙等會停在哪一區，火車到站後就不需要匆忙地拉著行李在月台上奔跑。火車抵達後先禮讓車上的乘客下車，確認沒人下車後再上車，否則是非常沒有禮貌的行為。

A.2代表二等艙 / B.黃色眼睛標誌，提醒乘客要先買票再上車 / C.禁菸標誌，車廂內全面禁菸 / D.打開車門的按鈕 / E.腳踏車標誌，表示該車廂可停放腳踏車

Step 6 上車，找座位

瑞士境內的火車不對號，只有某些景觀列車和跨國列車需要訂位，座位上方的電子螢幕若顯示Frei字樣，表示沒人預訂。

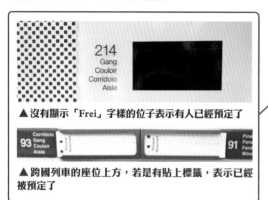

▲沒有顯示「Frei」字樣的位子表示有人已經預定了

▲跨國列車的座位上方，若是有貼上標籤，表示已經被預定了

A.燈光及空調控制／B.拉圾桶／C.折疊桌

看懂跨國列車的車票

瑞士前往其他國家(如義大利或法國的TGV)，需要事先預訂座位，車票上會標示哪一節車廂和座位等資訊，詳細的解說請看照片說明。

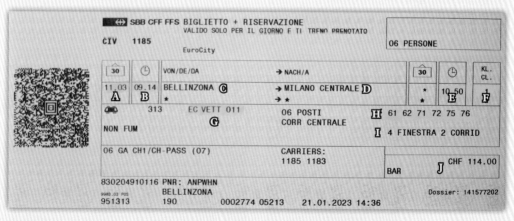

A.搭車日期／B.發車時間／C.出發地／D.目的地／E.抵達時間／F.艙等／G.車廂號碼／H.座位編號／I.4個靠窗，2個走道／J.票價

搭火車須知

除了少數「景觀列車」及「跨國列車」之外，在瑞士搭火車並不需要事先訂位，上車之後找到空位就能坐下來。也許在國內大家都有坐火車的經驗，不過來到瑞士還是有些搭車的小細節及禮儀，提醒大家特別注意一下！

車廂外的數字：
1代表一等艙、2代表二等艙

上車前要先看清楚艙等，一等艙的座位比較大，通常也較安靜，人潮會比二等艙少一點。

瑞士國內的火車分爲兩種：
區域性(S-Bhan)和長程(IC、IR)

區域性的短火車行駛於該州的小鄉鎮間；長程的火車則會跨越不同的語區，車上並有服務人員兜售零食、飲料及三明治，有的還附有餐車車廂。不過火車上所賣的食物並不便宜，建議搭火車前去超市購買比較划算。IR代表停靠站數比較多的區域列車（Inter Regio），IC代表只停靠大站的Inter City。

長程列車上有服務人員 ▶
販售飲料及零食

▲ 長程列車上的餐車車廂

先下車，後上車

當火車抵達的時候，務必要讓乘客先下車，然後才排隊依序上車。如果車上還有乘客沒下車就想先上車搶位置，絕對會被其他乘客翻白眼。

定時查票，請勿逃票

雖然瑞士的火車站不會有查票的閘口，大家都能隨意上車，但是不論是火車或公車，查票員都會不定時查票。因此在瑞士搭車一定要買車票，不要有心存僥倖的心態。

▲ 火車上會標示逃票罰款的標誌，罰金是100CHF並留下紀錄

共乘前記得先詢問

上下班的尖峰時段通常乘客比較多，若是必須和其他乘客共坐，要先詢問隔壁的乘客該座位是否是空的（free），這樣才有禮貌。萬一車廂很滿，有乘客把包包放在自己座位旁的空位上，可以禮貌性地詢問是否有人坐，既不失禮，又能讓對方主動地將東西移開。

盡量不要把腳放到座椅上

如果還是想把腳放到椅子上，一定要先脫鞋。

行李可放置門邊

火車上有專門放置行李的架欄，通常是在車門旁邊，也可以將行李放在座椅的中間。

▲火車上放置大型行李的架欄　　▲行李放在座椅中間

身障人士或婦孺優先使用博愛座

車門旁邊的第一個座位，通常是給殘障人士或婦孺的博愛座，請禮讓他們優先使用。

火車停靠時不能上廁所

因為火車的廁所都是直接沖到鐵軌上，所以當火車停靠在車站時不能上廁所，不然車站就瀰漫著屎尿味了。

手動開門或按下車鈴

瑞士少數比較老舊的火車，到站時還得手動開門；在鄉間或冷門的路線，有些站得按下車鈴後，火車才會停。通常都會標示在火車上。

路上觀察 瑞士國鐵鐘(Mondaine)

瑞士各大火車站，不論是火車月台或是站門前，都能看見懸掛的白色大鐘，這就是瑞士國鐵鐘，這款式自西元1940年就被瑞士鐵路局指定使用。當初要讓全國的鐵路時鐘能同步對時，各火車站的秒針走完一圈後，會在12點鐘的地方停頓2秒。大家來瑞士的時候不妨特別留意一下。

國鐵鐘的鐘面由瑞士工程師Hans Hilfiker所設計，以簡約明瞭的純白底色，時針、分針及刻度都以對比的黑色，搭配秒針用醒目的鮮紅色圓頭設計，讓搭車的旅客從遠方就能清楚地掌握時間，成為瑞士火車站的特色。如今在世界各地，包括香港、倫敦和美國等地，都能看到瑞士國鐵鐘的身影。

善用火車站設施

瑞士的火車站提供多功能的用途,不僅可以買車票,還能換錢、洗澡,規模大的火車站會有免費的Wi-Fi,各種商店和餐廳等多元化的店家,彷彿是一座小型的商圈。

售票櫃檯

除非是很小的車站,不然大多數的車站內都設有人工售票櫃檯。除了販售各種票券外,還提供旅客諮詢班次及跨國列車的訂位服務。所有的票券都能刷卡付費,也收瑞郎或歐元等現金。

換鈔服務

若是你主要的旅遊地點是歐洲其他國家,僅短暫路過瑞士幾天,不需要用到太多瑞郎現金,那可以到瑞士火車站兌換貨幣的窗口,以美金、歐元、英鎊兌換成瑞郎,匯率都還不會太差。對於小額兌換的旅人非常方便!

旅客諮詢中心

有專人提供諮詢的服務,而且他們都會講英文,若是想要詢問火車相關的資訊,也可以請教這些服務人員。

書報攤(Kiosk)

大多數的瑞士火車站都設有「書報攤」,雖然稱它為「書報攤」,可是卻比較像是小雜貨店。從麵包、三明治、飲料到明信片、報紙、雜誌、郵票,甚至瑞士的紀念品,都能在書報攤買到。「書報攤」賣的東西比Migros這類超級市場略貴一些,不過對於臨時需要買東西的人非常方便。

廁所

瑞士大型火車站的廁所都要收費，像蘇黎世、伯恩、琉森等大型車站甚至會有淋浴間。雖然每次得收費1CHF（小便）～2CHF，不過因為有專人打掃，所以都保持得滿乾淨。我建議下火車前先去上廁所，這樣就能省下一筆小錢。

行李託運櫃檯

瑞士火車提供行李託運服務，持有有效車票的旅客們，可以將行李、滑雪用具或單車等物件，直接寄送到下一個目的地的車站，省去換車及旅遊時的不便。領取行李的時候，也是來這個窗口詢問。

每件行李12CHF、單車20CHF、電動單車30CHF。每件行李以25公斤為上限，滑雪器具或單車得自行包裝妥當。行李當天寄送，後天便能領取，如果抵達後超過4天沒有去領行李（抵達當天不算），每天會加收5CHF的保管費。

預算足夠的人，火車站還提

供將行李直接寄送到飯店或住家的服務，當天寄出後，第三天就能收到，每件行李的費用是30CHF。如果寄送到禁止車輛進入的小鎮，如策馬特（Zermatt）、薩斯菲（Saas Fee）等地，會加收30CHF的服務費。甚至還能從這家飯店寄送到下一家飯店，一樣是第三天才會收到，每件行李是43CHF。

若需要利用瑞士國鐵運輸行李的人，可以直接上官網（www.sbb.ch），點選行李（Luggage）的選項，進入後，選擇寄送和收件的飯店及日期就可以了。

候車室

候車室的規模依火車站的大小而異，主要是多天的時候天氣寒冷，待在候車室裡面等車比較不會冷。值得注意的是，瑞士的候車室禁止在裡面吸菸，交談的時候請降低音量，也禁止躺著睡覺，這些都是基本的禮儀。

集合點

若是跟朋友約在大型的火車站碰面，不但範圍廣大、人潮也比較多。因此火車站內設立了集合點，方便大家見面。如果你看到這標誌的下方站著一堆人，納悶他們在做什麼的話，別懷疑，他們都是在等人。

實用的置物櫃

若是你計畫路過某個景點參觀，卻不打算住宿該城市的話，不妨將行李寄放在火車站的置物櫃。瑞士幾乎每個火車站都設有寄物櫃，最久可放置72小時。寄物櫃的價位依尺寸而異，以蘇黎世中央車站為例，小型（35.1×45.7×55.5），5CHF；中型（35.1×94.5×55.5），9CHF；超大型（52.5×94.5×85.5），12CHF。有的車站會比較便宜，不過置物櫃不找零，所以請勿多投錢。

貼心 小提醒

旅遊櫃檯也可寄放行李

如果你的行李放不進寄物櫃，或裝有貴重物品，也可將行李寄放在火車站的旅遊櫃檯(SBB Travel Centre)，每件不能超過25公斤，且僅限於上班時間才會有人幫你處理，每件行李1天的收費是12CHF。倘若你想長時間寄放，1個月是120CHF，1年是1,080CHF。

物品遺失中心

萬一不小心把包包或相機遺忘在火車站或是車上，其實還是有機會找回來。記得盡快上SBB的網站或APP登記資料，或向火車站服務人員描述物品的外觀、搭乘的班車時間及路線、遺失的地點。聯絡電話為0900 300 300。

吸菸區

近年來，為了不想癮君子將菸蒂亂丟到鐵軌上，瑞士的火車站已規畫吸菸區，不再是戶外隨便找個地方都能抽菸。想抽菸的人，記得先找到吸菸區的標示牌。

無障礙設施

火車站幾乎都有規畫無障礙設施或電梯，對於拉行李或是行動不便的旅客不會太辛苦。如果是搭乘輪椅的旅客，可以事先透過SBB的網站聯繫，他們會安排站務人員協助搭乘火車。

貼心 小提醒

若非萬不得已，不建議搭計程車

物價昂貴的瑞士，計程車費當然也不會便宜到哪裡去，除非是逼不得已，不然真的不建議各位搭計程車。通常在火車站外頭就有計程車的招呼站，有的得事先打電話預約，瑞士沒有在大馬路上攔車的模式。基本上，瑞士的計程車還是會跳表收費，許多司機也接受上車前先議價，也許會比跳表划算。

至於Uber，目前僅在德語區和法語區的大城市能叫車，包括蘇黎世、伯恩、巴塞爾、日內瓦和洛桑等，在鄉下的地方或山區不會有Uber的服務。

交通篇

如何購買火車票

瑞士的交通費昂貴，找到最適合自己的優惠票券，是首要課題。

瑞士火車票的種類繁多，有日票、月票、年票等等，認識瑞士的火車票券是一門重要的學問。首先，一定要先搞懂瑞士國鐵的官網和APP。

使用瑞士國鐵APP購票

Step 1 下載APP

到手機的商店（APP Store）內，搜尋SBB Mobile即可免費下載。萬一搜尋不到，得去手機的設定那邊，把所在的區域國家改到瑞士，這樣應該就行了。

Step 2 註冊帳號

將瑞士國鐵SBB的APP點開後，就會出現這個畫面，最下面一排有6個按鈕，可以切換到各主題的頁面。先點選右下角的人頭圖樣，進入Step 3的設定畫面。

A. 瑞士國鐵推出的新方案，搭車前先從手機設定好分享地點，系統會根據你上車的地方開始計費，並依照你下車地點自動扣款

B. 在查詢火車或公車班次時，已儲存的班次(Step 6)會彙整在這裡，方便查看

C. 查詢交通班次時間和票價

D. 個人資料，是否有半價卡、GA卡等都會顯示

E. 商店與客服。購買優惠日票(Saver Day Pass)、單車票及升等票等都可從這裡查詢。萬一有物品遺失在車上，從這裡點選Services，就能填寫表單

F. 個人資料設定(Step 3)

Step 3 設定個人資訊

在正式操作前，先輸入個人資料，包括姓名、地址和E-mail信箱等。基本上，Ricky建議大家隨時保持登入的狀態，這樣搭車買票比較方便。有註冊個人資料的話，買票後同時會寄通知到你的E-mail信箱。

A. 登入後，會顯示個人姓名和E-mail

B. 修改個人資料：點進去後，可修改個人帳戶或登入資料

C. 同行旅客資訊：如果想幫同行的旅伴買票，點此可以增加或刪除旅伴，可輸入旅伴的姓名、出生年月日、是否有半價卡等資訊

D. 付款方式：增加或修改信用卡資訊，保持登入時，買票會直接扣款，非常方便

E. 通知設定：選擇是否要收到車班延誤、月台更換等資訊，還會通知提醒準備搭車或轉車

F. 優惠及廣告：選擇是否要收到瑞士國鐵的廣告或優惠資訊，會寄送到你的E-mail

G. 購票設定：可自行選擇倘若購買40CHF以內的車票，不會進行額外的確認；或設定每次購票時須通過臉部掃描辨識

H. 緊急事件求助：警察及消防隊的聯絡電話

I. 登出

Step 4 查詢班次

按左下角的第一個按鈕，就會跑出查詢班次的畫面，幾乎瑞士大多數的交通工具，包括火車、公車、渡輪及登山纜車都能搜尋到，直接輸入地址也可以。還能查詢前往鄰國的火車班次，不過無法直接透過APP買跨國的車票。

查詢班次的方式分為3個頁面，分別是❶**手動輸入字母**、❷**存好常用地點後，直接用手滑**、❸**地圖搜尋**。這3種使用上都很方便，可依個人習慣選擇。查詢後會跳到Step 5。

Step 1

手動輸入字母： 傳統手動輸入的方式需要逐一輸入地名的外文字母，對於外文不熟悉的人來說會比較費時。不過可以儲存常用的地名，方便下次查詢，就不需要再重新打字。

A. 選擇搜尋班次的方式：❶Timetable：傳統手動拼音方式來輸入地名／❷Touch-Timetable：以滑的方式來搜尋／❸Map：直接在地圖上點選地點

B. 輸入出發地點

C. 輸入目的地

D. 系統會偵測你的所在位置，自動列出接下來的班次時間

E. 常用地點可以設成黑色星星，方便之後查詢

F. 如果是經常搜尋的地方，輸入地點後，點一下白色星星就會變成黑色的，下次搜尋時該地點會自動顯示在前面，類似「加入我的最愛」，不需要每次都打字輸入

交通篇

Step 2 滑線方式：滑線的方式就是先將常用的地點存起來，下次查詢或是購票前，直接手指按住兩地之間拉線，它就會跳出班次時刻表。但是得事先將地點存起來，才能這樣操作。

A. 手指直接點在出發地，按住後滑過去目的地，畫面上會出現一條紅線，接著系統就會直接跳出兩地之間的班次時間(Step 5)

B. 編輯地點，儲存或刪除想查詢的地點

Step 3 地圖搜尋：地圖搜尋的方式，適合對地理位置不熟悉的人，只要直接輸入地址或地名，就會在地圖上顯示出來，並顯示附近站牌的位置。

A. 直接輸入地址或地名，下方地圖就會列出附近所有的站牌地點

B. 點選地圖中的藍色圓形站牌（變成紅色），再點選下面的出發或目的地，系統就會列出班次時間。地圖可以用兩指按住放大或縮小

C. 目前所在位置

D. 顯示點選的地方距離你有多遠

E. 出發地

F. 目的地

Step 5 顯示所有的班次時間

系統會依照現在的時間，顯示接下來最近的所有班次，往上或往下滑可以看到之前或之後更多的時刻表。如果想要看更詳細的班次時間或是買票，可以直接點選該班次就會跑出Step 6的頁面。

A. 出發地

B. 經過地點：通常系統會列出最快或距離最短的交通方式，如果你想要走經由某地的其他路線，可在這欄輸入經由哪個地方，系統才會列出你想要的車次

C. 目的地

D. 選擇其他日期或時間：要特別注意，瑞士的交通系統通常會在12月時公布隔年的班次時間，若太早查詢，資訊可能還會異動

E. 反向查詢：調換出發地和目的地

F. 進階設定：可勾選是否要顯示票價等資訊，如果想查詢特定的交通工具，要選「Means of transport」那欄，然後勾選想查詢的交通工具，如火車、公車或渡輪

G. 起跳價位：顯示該段車票是從這個價位起跳，但是這並非最終的票價，需要再往後續的步驟進行，才會出現正確的票價資訊

H. 直接點選班次時間，會跑出Step 6中顯示的更詳細資訊

Step 6 列車詳細的資訊

這裡會顯示所選取車次的詳細資料，包括發車和抵達的月台，這樣到火車站之後，再次確認月台上的看板就好。萬一火車延誤或是月台更改，也會在這裡更新，最終還是要以現場月台上電子看板標示的資訊為主。

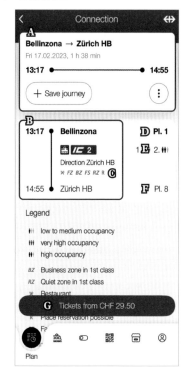

A. 列車時間：如果有計畫搭這班車，可以點＋的按鈕，儲存起來

B. 點此進去可以查詢列車沿途的停靠站，包括幾點從哪裡發車，終點站是哪裡等資訊

C. 列車上有的設備：刀叉代表有餐車，提供簡餐和飲料；FZ代表有親子車廂，有遊戲設施；BZ代表有商務車廂，有充電設備並需保持安靜；RZ代表安靜車廂，禁止高聲喧嘩

D. 列車出發的月台(1就是第一月台)

E. 這班車乘客的多寡(1代表一等艙的乘客人數，2則代表二等艙的；3個小紅人代表乘客很多，幾乎沒什麼座位)

F. 列車抵達的月台(8就是第八月台)

G. 點此查詢正確票價或購票

A. 提醒乘客因為延誤，可能無法銜接轉車的班次，建議在搭車前確認

B. 延誤的時間：這裡顯示約40分鐘，依照Ricky的經驗，往返米蘭的歐洲之星EC誤點率很高，大家搭車前最好注意一下

C. 在其他國家的事故

D. 延誤的標示

E. 不會停靠這個地點或是取消班次

F. 更換列車

Step 7 購票

這是購票前的最後階段，系統會列出兩地之間的所有車票種類。要特別注意，如果是短程的來回票(像市區裡的兩地)，它會有使用時間的限制，例如2小時內要搭乘。

假使你的回程會超過它的時間，那就直接買兩地間的日票(Day Pass)或買單趟就好。確定車次和票價無誤，點選最下面的紅色框買票。

A. 選單程或來回票。如果是短距離的車票，例如在同一城市，直接買來回票(有時間限制)，或是兩地間的日票會比較划算

B. 選擇一等艙或二等艙

C. 兩地之間的車票價位。名字後面若顯是「(1/2)」，代表該乘客持有半價卡。這車票僅侷限A至B兩個城市間的定點交通，不包括城市裡的公車或電車等其他交通方式

D. 如果想加購市區的交通，就要點選此項

E. 點對點車票升等，從二等艙升等到一等艙。僅限於你選取的這班車次，後面的數字就是升等的價錢

F. 整天的車票升等，從二等艙升等到一等艙

G. 其他更多的車票資訊，包括是否還有優惠日票(Saver Day Pass)等車票

H. 購票。確定要買票錢千萬不要亂按，因為如果有綁定信用卡，按下去就是直接付費了

Step 8 車票

買完車票後，系統會存在你APP內的車票欄，也會同時寄到你的E-mail信箱。

A. 列車的資訊及日期

B. QR Code，查票時出示手機的QR Code給查票員掃描

C. 乘客的姓名和出生年月日(像這種有記名的車票，都不能轉讓給他人使用，在火車站買的車票就不記名，可以給他人使用)

交通篇

行家祕技　APP上面該選哪一個站

用APP搜尋車站的時候，會自動跑出「城市」+「其他地名」，很多人看到就慌了，不知道該選哪一站才正確，這時候你需要知道目的地的詳細站名。如果只是查城市和城市之間的交通，直接選兩個城市就可以。例如蘇黎世到格林德瓦的火車，查詢時輸入Zürich和Grindelwald這兩個字就好。

但是若你要查詢的交通是從蘇黎世機場(Zürich, Flughafen)到格林德瓦纜車站(Grindelwald, Firstbahn)，那麼就不僅城市名稱，還要有更詳細的地點，且要能看懂它的意思。舉例來說，Zürich HB是蘇黎世中央車站、Zürich Flughafen是蘇黎世機場、Zürich Paradeplatz是蘇黎世市區的遊行廣場。

所以，你得先瞭解後面那個字代表的地方或意思，才能知道要選哪一個。萬一你看不懂，可用google翻譯或google地圖，就會知道站名了。不只大城市如此，鄉下的村莊也是一樣。搭公車時，一個村莊經常有好幾站，有詳細的地址才能知道該選哪一站。

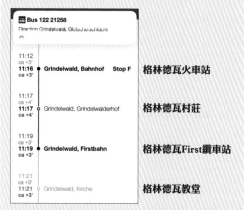

▲ 查詢格林德瓦市區的公車，就會跑出「城市+不同站名」，要先查那個字的意思，就能知道得在哪一站下車

使用自動售票機購票

我想大部分來到瑞士的遊客，都已經事先上網買好車票。畢竟瑞士的火車票價很貴，使用瑞士交通券比較划算。萬一你沒有交通券，在瑞士的火車站內，還有售票窗口及自動售票機兩種方式可以購買。

如果售票窗口大排長龍、你又趕著搭火車，那我會建議大家去自動售票機買票比較快。觸控式螢幕的售票機，有英、德、法、義4種語言，方便來自世界各地的遊客使用。從自動售票機可以買到各種不同的車票，包括日票、月票、單程票等等。

特別要注意的一點，這些自動售票機找錢的上限是20元，若是一張25CHF的車票，則不能用50元或是100元面額的鈔票付款，必須準備面額較小的鈔票，如10元、20元等等。

▲ 位於火車站的自動售票機

 Step **選擇語言**

點右下角的語言選項，選擇英文的操作介面（如果德、法、義文對你會比較簡單，也可以選這幾種語言）。

 Step **選擇起迄站**

點選左下方的起迄站（Other departure）選項，假如要購買其他的特殊票種，請選右下方的other tickets。

A.選起迄站
B.買其他票

 Step **選擇出發地點**

如果你要買從另一個車站出發的票，才選左邊的那一欄更改出發地點（Change departure point）；若是要購買從該車站出發的車票，就點右邊的方欄，並進入下一個畫面（自動售票機已預設是販售從該車站出發的票，所以通常直接選右邊的目的地即可）。

Step 4　選擇目的地

　　直接從下方的字母鍵盤輸入城市名稱，然後選擇要去的車站。（當你輸入英文字母後，上方的黃色欄位會列出該城市裡不同車站的名稱，看到顯示要去的目的地後，直接點選即可。舉例來說，今天要從Bellinzona搭乘火車前往Zurich。）

Step 5　選擇路線

　　因為瑞士的火車票是依里程數計費，車票會因為行走的路線不同而有異，所以要先確定火車行走的路線是否正確。

Step 6　選擇單程票或是來回票

　　瑞士買來回票是單程票價直接x2，沒有任何來回票的優惠。如果你是要購買兩地之間的月票，請選擇Season Tickets。

A.選買單程票
B.買來回票
C.買月票

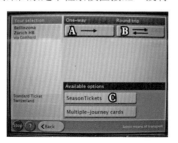

Step 7　選擇一等艙或是二等艙

　　一等艙的座位比二等艙寬一點，但是差距並不大，只有火車有分艙等，公車並沒有，其實二等艙坐起來就很舒服。

A.頭等艙(1st class)
B.二等艙(2nd class)

Step 8　選擇票種及張數

　　若是持有半價卡的旅客，請點選左邊1/2的部分，然後再選擇要買幾張票。沒有半價卡的遊客，則選右欄1/1那邊，再選擇票數。寵物必須購買半票。

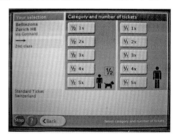

Step 9　選擇出發日

　　選擇是今日要搭乘的火車，或是其他出發日（Later date）。

A.今日出發
B.其他出發日

Step 10 付款

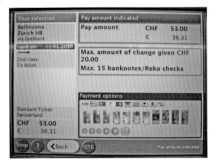

A. 優惠日票（Saver Day Pass）

B. 持有半價卡旅客的日票，這種是沒有任何優惠的日票，也就是優惠日票賣完後的原價日票，但是得先買半價卡才能買這種票

C. 加購車廂升等，如果原本是搭二等艙的旅客，升等之後整天都能搭乘一等艙，費用為52CHF

D. 如果攜帶單車搭火車，要在這裡購買單車的票，一天票價為14CHF

E. 進入APP之後，點選下方的Shop & Service

早鳥優惠票券

瑞士的物價昂貴，所以車票當然也很貴。倘若能夠在車票上做點功課，便能精打細算省下一點錢，對於來瑞士旅遊的開銷不無小補。除了瑞士交通券或半價卡這些票券之外，瑞士國鐵網站經常會在淡季推出其他的優惠活動，不過這種活動可遇不可求，只能碰運氣。

但是，如果你已經確定來瑞士旅遊的日期，可以提早2個月前上網購買，就可能有機會搶到便宜的車票。以下是2種大家一定要知道的瑞士優惠車票。

優惠日票(Saver Day Pass)

這是日票（Day Pass）的一種，不過比原價日票便宜許多，當天全國的火車都能搭乘。在發車前的2個月（60天），網路系統就會開始售出優惠日票，以持有半價卡的旅客為例，一等艙66CHF起跳、二等艙39CHF起跳。越多人購買的情況，票價會一直往上漲，直到優惠票賣完為止。也就是說最貴的日票，是一等艙原價日票127CHF、二等艙75CHF。

定點優惠票(Supersaver Ticket)

這是城市間點對點的車票，只能搭乘限制的班次，通常依照該車次時間和乘客的多寡，影響車票的價位。定點優惠票也分一等和二等艙，它的遊戲規則跟日票差不多，想要有便宜的價位得提早2個月前購買，因為這是限量的優惠票。

當你用手機APP查詢兩地之間的車票時，系統會列出一天內哪班車有便宜的車票，越早買搶到優惠票的機會越高。不過因為有些車次時間比較差，即使是接近發車日期，依然有可能買到比原價便宜的車票。

購買這種優惠票，必須搭乘它規定的班次和路線，否則就無效，也不能加購升等。萬一不小心沒搭到車，你得重新買另一張「同路線」的車票，然後上網申請退款，手續費為10CHF。不過如果非個人因素，例如因天候不佳或前一班車延誤，導致你沒有搭到下一班車，這樣就不需要重新購票。

A. 在查詢車票時，這裡會先秀出兩地之間的原價車票，購買這張票當天不限班次的列車都可以搭乘

B. 如果在非熱門時段或是乘客不多的時候，系統會自動顯示「定點優惠票」的票價，但是就只能搭這班指定時間的車次

C. 確定後點選就直接買票了

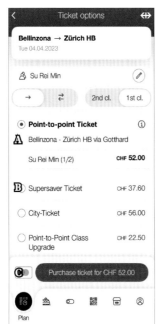

只要把這張票存在手機裡，搭車時給查票員看一下，掃QR Code就好，不需要列印出來沒關係。交通券可以向台灣總代理的飛達旅行社購買，或是自己上SBB官網買都很方便，只是要確認日期、名字和乘客的資料不能有誤。

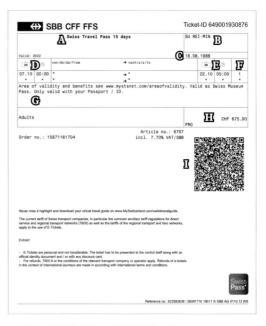

A. 瑞士交通券的天數，這裡是連續15天
B. 乘客姓名，須與護照寫法一模一樣
C. 乘客的出生日、月、西元年
D. 車票啟用日以及時間，以這張票為例，是從10/7凌晨00:00開始
E. 車票結束時間，以這張票為例，是到10/22凌晨05:00結束，要特別注意，不是22日整天都能用
F. 艙等，1是一等艙，2是二等艙
G. 需要隨身攜帶護照供查票員查證，有時候會核對護照和車票上的名字是否相同票價
H. 票價
I. QR Code，查票員會掃這個QR Code，所以這部分最好不要折損，最好使用原始的檔案，如果截圖，有時候會不清楚，掃不出來

瑞士交通券

　　雖然早鳥票很便宜，但是以來瑞士玩2星期為例，購買連續15天的一等艙「瑞士交通券」（Swiss Travel Pass，簡稱STP）為675CHF，換算下來平均一天的車票也不過45CHF，這種情況就不需要花那麼多時間和精力去上網搶票，直接買PASS最划算。

　　至於瑞士交通券的選擇，購買的天數越長，每天平均的價位就越低。舉例來說，如果來瑞士12天的人，通常會覺得買15天的PASS太浪費，買彈性8天的就好，然後其他天數再另外買票。然而兩者的價錢其實沒差多少，直接買連續15天的可以省去很多煩惱。

看懂瑞士交通券

　　大多數來瑞士的遊客，都會購買瑞士交通券。

瑞士交通票券一覽

種類	適用對象	購買地點	說明	附註
瑞士交通券 **Swiss Travel Pass**	非瑞士居民都可以使用	旅行社、瑞士各大火車站及官網	1.瑞士交通券，我們一般稱為「Swiss Travel Pass」，在台灣的飛達旅行社或是瑞士火車站都能買到，分為連續3、4、6、8、15天。 2.效期內可無限次地搭乘瑞士境內多數的火車、公車、電車，甚至渡輪。除此之外，還能免費參觀瑞士超過500間博物館，可說是相當地划算。	雖然部分私鐵不包括在使用範圍內，不過通常還是會有折扣；若是搭乘景觀列車，有些必須額外支付訂位費。
瑞士彈性交通券 **Swiss Travel Pass Flex**	非瑞士居民都可以使用	旅行社、瑞士各大火車站及官網	1.可於1個月內任選3、4、6、8或15天使用，不需連續使用。 2.使用的當天，能免費搭乘瑞士的火車等各種交通工具，沒使用的日子則無法享有任何優惠。	記得，上車前一定要上網登記當天的日期，才會顯示當天的QR Code給你。
瑞士青年票 **Swiss Youth Pass**	26歲以下的青年	旅行社、瑞士各大火車站及官網	16歲以上、未滿26歲的青年享有上述的瑞士交通票券7折優惠。	在搭車時需提供護照證明年齡。
瑞士轉乘票 **Swiss Transfer Ticket**	非瑞士居民才可以使用	旅行社、網路	1.可以享瑞士機場或是瑞士邊境到境內定點城市的兩段火車免費搭乘，效期為1個月。 2.適合在瑞士境內短暫停留的人士使用。	只能在瑞士境外的旅行社或上網購買(瑞士的火車站不賣)，可洽網路上的旅行社代買。
瑞士家庭卡 **Swiss Family Card**	跟父母親同遊的6～16歲兒童	旅行社、瑞士各大火車站	辦一張瑞士家庭卡，家中6～16歲的兒童就可以免費跟著父母親在瑞士搭火車。若是家長持有瑞士交通券，可以免費辦理。	6歲以下的兒童可免申請家庭證與父母同遊。
半價卡 **Half Fare Card**	每個人都可以使用	旅行社、瑞士各大火車站	1.可享有瑞士境內的火車、公車、渡輪及多數登山纜車的5折優惠。如果行程不會每天長距離拉車，就可以考慮(也可以搭配彈性交通證一起使用)。 2.效期分為1個月(120CHF)及1年分(185CHF)2種，購買1年分的話，到期後會自動續約，若不想繼續使用，需上網(www.swisspass.ch)取消。	如果不是每天長途拉車的行程，使用半價卡會比Swiss Travel Pass更划算。
七點卡 **seven25**	未滿25歲的青年	瑞士各大火車站、官網	1.凡是未滿25歲的青年，購買這張卡，能在晚間7點之後到隔天清晨5點之間(週末到隔天清晨7點)，免費搭乘瑞士國鐵(限二等艙)。 2.一年效期票價為390CHF，一個月票價為39CHF。	如果發車的時間在7點前，得事先買好起站到7點後經過那站的票。
日票一 **Day Pass**	每個人都可以使用	瑞士各大火車站、官網、手機APP	1.必須搭配半價卡才能使用。可以在當天無限次地搭乘瑞士境內的火車、公車、電車、渡輪等交通工具(私人經營的除外)。 2.二等艙為75CHF、一等艙為127CHF。	在SBB官網或APP上購買優惠日票會(Swiss Saver Pass)更划算。
日票二 **Daily Ticket**	每個人都可以使用	瑞士各地市政廳	若是你有親朋好友定居在瑞士，可以請他們向當地的市政廳購買日票，使用對象不受限制，價格介於30～45CHF之間，視各地的情況而定。	1.部分登山纜車或是渡輪不接受這種日票。 2.最近有討論要將這種日票改為實名制，比較不建議非居民購買。

瑞士的鐵路系統

一般瑞士境內火車都不對號，上車看到空位就可以入坐。

瑞士鐵路的正式名稱為「瑞士聯邦鐵路」(Schweizerische BundesBahnen，一般簡稱SBB)，火車車身及火車站皆會標示德文(SBB)、法文(CFF)、義大利文(FFS)共3種語言的縮寫，意思是完全一樣的。雖然國鐵為瑞士鐵路線的主軸，在各大山區還有不少由私人公司經營的路線。

基本上，除了跨國的列車、景觀列車及少數的公車路線，瑞士境內的火車都不對號，只要你持有車票，上車看到空位就隨便坐。以下是瑞士的幾款車種介紹，讓大家在查詢火車時刻表的時候，能有個簡單的概念。

▲瑞士國鐵標示著3種語言的縮寫SBB、CFF、FFS

跨國列車

法國──子彈列車

子彈列車(Train à Grande Vitesse，簡稱TGV)的載客速度能高達320公里，是法國的高速火車，是蘇黎世、日內瓦、洛桑、巴塞爾等地前往法國城市的主要交通工具。不過日內瓦和巴塞爾已經屬於邊境的城市，從這兩地上車前往法國的旅客，持有瑞士交通券無法享有任何折扣優惠，所有乘客得事先訂位購票。

德國──城際特快車

城際特快車(InterCityExpress，簡稱ICE)是世界上知名的高鐵之一，以往返德國城市為主，其舒適的車廂很適合長距離的旅行。當火車進入瑞士境內後，比照瑞士的火車，乘客不需要額外付費(建議訂位，禁止攜帶腳踏車)。

奧地利──銳捷列車

自蘇黎世開往奧地利首都維也納的銳捷列車(railjet，簡稱RJ)，2008年才開始正式營運，每節車廂內皆有空調設備，最高時速只有230公里，

跟各國的高速火車相較下較慢。不過沿途會行經奧地利的茵斯布魯克（Innsbruck）、薩爾斯堡（Salzburg）、林茲（Linz）等知名景點，是連接奧、瑞兩國間最主要的交通工具。

義大利──歐洲城市特快車

從蘇黎世或日內瓦往返義大利米蘭的歐洲城市特快車（EuroCity，簡稱EC），主要是行駛於義大利和歐洲其他國家之間的城市。這列車在瑞士境外的部分需要強制訂位，通常遇到週末或是假日的時候人潮比較多，一定要提早訂票，而且經常容易誤點。

貼心 小提醒

轉乘跨國列車務必提早到達

跨國列車發車的時間很準時，通常不會等待其他誤點的班次而延遲發車。因此需要轉乘這些跨國列車的乘客，建議預留多一些的時間提早抵達車站，以免錯過火車。

國內火車

瑞士境內的火車都分為一等艙和二等艙，價位比較高的一等艙，位置比二等艙寬敞，乘客的人數比較少，不過搭乘二等艙其實就很舒適了。以

下的各類火車，只要上車有看到空位，都可以隨便坐。不過要提醒大家，長途列車有可能會有團體訂位，大家還是要注意一下座位上方是否有訂位的標誌。

一等艙的座椅較寬敞 ▶

城市特快車

城市特快車（InterCity，簡稱IC），簡單來說就是長途的快車，只停靠大站，連接各大城市。通常列車上附有餐車以及親子車廂。另外，還有一種ICN搖擺式列車（IC-tilting train），車身能傾斜較大的弧度並保持高速前進，在行駛中經彎道不需要減速。容易暈車的人最好避免搭乘ICN。

▲ 火車上的餐車車廂

城市普通車

跟上述的IC火車略微不同，雖然城市普通車（InterRegio，簡稱IR）也是行駛於長途的城市之

間，不過它沿途會停靠一些小站，因此整段車程的時間會比IC火車久，算是長途的普快車。而且部分路線的車廂有可能比較老舊一些，或是沒有冷氣，許多網路上的優惠票就是只限搭乘這類的車種。

▲ 有些IR列車的車廂內沒有空調設備

區間快車

區間快車（RegioExpress，簡稱RE）行駛的範圍，通常僅限於鄰近幾個州之間的城市，而非橫跨全國性的列車，類似短程線的快車。區間快車沿途停靠的站，會比上述的IR還多，車程所花費的時間也更長。

區間慢車

區間慢車（S-Bahn，簡稱S-Bahn或S+數字），只往返某固定區域，通常是在大城市附近或是於該州內行駛而已，基本上就是途中每一站都會停的區間車，功能很像我們的電聯車。區間慢車都會以S加上數字號碼，所以很容易分辨。

▲ S-Bahn車上有電子螢幕顯示即將抵達的地點及時間

景觀列車

很多人來瑞士旅遊，都會想搭乘景觀列車。但是景觀列車和普通火車有什麼不同？說穿了，景觀列車就是車窗比較大片、座椅弄得豪華一點，但是路線還是有一般火車行駛。我建議大家不需要特地把行程按照景觀列車的路線來安排，除非是火車迷那就另當別論。萬一路線不順，會花大把的時間在搭車，說不定還因為坐車坐到太累而睡著，那就失去搭景觀列車的意義了！

冰河列車
Glacier Express

http www.glacierexpress.ch／ℹ️夏季(5月中～10月中，長程49CHF、短程39CHF)，冬季(12月中～5月中，長程39CHF、短程29CHF)／➡️路線：St Mortiz→Bergün／Bravuogn→Filisur→Chur→Disentis／Mustér →Andermatt→Brig→Zermatt

冰河列車自西元1930年6月25日正式運行，一開始就以觀光的行銷手法推出，舒適豪華的車廂設計，並在列車上提供精緻的餐點，讓大家享受頂級的服務。後來，冰河列車的車窗又加以改良，就是目前大片玻璃窗的模樣，讓乘客在火車行進間，就能捕捉到瑞士的阿爾卑斯山風光。因為行駛的速度不快，全程搭完需要7小時46分，

號稱是最慢的景觀列車。

要特別注意，如果是持有瑞士交通券、歐鐵聯票的旅客，搭乘冰河列車之前（最早為93天前），還是得先上官網訂位，只要付訂位費即可。每年10月底～12月中期間，冰河列車停駛維修，這段期間只能搭乘普通火車，才能欣賞到這條路線的風景。

黃金列車
Golden Pass Line

http www.goldenpass.ch / 🛈 只有2022年推出從Montreux到Interlaken Ost的新款車廂（GoldenPass Express）需要上網訂位（www.gpx.swiss），貴賓艙35CHF，一等艙及二等艙為20CHF，其他不強制訂位 / ➡ 路線：Montreux→Château-d'Oex→Gstaad →Zweisimmen→Speiz→Interlaken Ost→Brienz→Luzern

黃金列車從法語區的蒙特勒（Montreux）開往琉森，途中經過雷夢湖（Lac Léman）、圖恩湖（Thunersee）、布里恩茲湖（Brienzersee）、琉森湖（Vierwaldstättersee，又稱四森林湖）等8個湖區，飽覽瑞士的湖光山色。基本上，黃金列車路線不強制乘客訂位，不過假使想搭乘景觀車廂（Panormic　Coach）或是古典車廂（Classic），建議事先訂位。

古典車廂每天只有各一班車，分別是上午09:50

從蒙特勒發車，11:57抵達終點站Zweisimmen；中午12:02從Zweisimmen返回，14:11抵達蒙特勒。在查詢時，有註明Golden Pass Belle Epoque的就是古典列車。

▲黃金列車會經過布里恩茲(Brienz)

▲黃金古典列車內部

伯連納列車
Bernina Express

http www.rhb.ch / 🛈 強制訂位。火車（夏天26CHF、冬天20CHF、春秋24CHF），公車（16CHF）/ ➡ 路線：St. Mortiz / Chur / Davos等城市→Pontresina→Tirano →Lugano(St. Mortiz / Chur / Davos→Tirano是火車，Tirano→Lugano這一段每天只有一班公車往返，需要事先訂位)

在眾多景觀列車之中，伯連納列車是評價最高的路線，帶領著大家體驗截然不同的視覺饗宴。從壯麗的冰河景觀到瑞義邊境湖畔的地中海風

情,其中最讓人引頸期盼的景點,莫過於位在布魯西歐(Brusio)360度的環形鐵道,它不只是一座美麗的橋梁,更能讓火車在短距離內減緩坡度落差,因而被列入世界遺產名單。

▲ 伯連納列車冬天的雪景

▲ 列車行進途中會看見Wassen村莊的教堂3次

◀ 葛達景觀列車在 Flüelen到Luzern 之間是搭乘渡輪

▲ 布魯西歐360度環形鐵道橋

葛達景觀列車
Gotthard Panorama Express

http www.gotthard-panorama-express.ch / ℹ 訂位費24CHF(冬季不運行,每年4月中開始行駛) / ➡ 路線:Lugano→Flüelen→Luzern

在所有景觀列車中,葛達景觀列車是唯一包括渡輪的路線,從南部搭火車抵達中部的琉森湖,來到瑞士百年前的發源地,然後在Flüelen轉搭渡輪前往琉森。這段火車只有一等艙,如果是持有二等艙車票的旅客,請記得先補差價升等。

阿爾卑斯山麓特快車
Pre-Alpine Express

ℹ 不需要訂位 / ➡ 路線Luzern→Arth-Goldau→Rapperswil→St Gallen

長達125公里的阿爾卑斯山麓特快車(Pre-Alpine Express,又稱為Voralpen Express,簡稱VAE),主要聯繫瑞士中部的琉森前往東北部地區的交通路線。沿途經過美麗的玫瑰花城Rapperswil,能欣賞到瑞士傳統的鄉村景觀。

▲ 傳統的車廂內部

搭公車也很簡單

一定要提早抵達公車站牌，否則錯過公車的機會很高。

除非是天候不佳或是上下班的尖峰時段，否則瑞士的公車通常很準時，務必提早抵達公車站牌候車。公車時刻表可以事先從APP或是瑞士國鐵網站(www.sbb.ch)查好，這樣就容易掌握時間。

看懂公車站牌

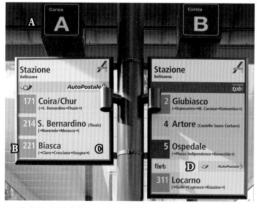

A. **公車的車道(月台)**：有時車道不會在同一個地方，例如得過馬路，或是走到對面

B. **公車編號**：通常數字高的號碼會是長途公車，右邊數字低的是市區公車

C. **公車目的地**：第一個大的粗體字是終點站，下面小字所列的是途中會經過的城鎮和路線

D. **公車種類**：瑞士各地有許多公車公司，黃色這種是郵政巴士營運的

搭公車步驟

Step 1　查看時間及路線

搭公車前，手機先下載SBB的APP查詢公車班次，如果沒有瑞士交通券，可以透過手機先把票買好。抵達公車站牌後，再看看公車的時間及路線，每個公車站牌都會標示公車行進的路線，讓乘客知道會經過哪些停靠站。

Step 2　買票

通常公車站牌旁邊會有自動售票機，萬一在鄉下地方沒有售票機，那就上車向司機買票。持有瑞士交通券的旅客能免費搭乘大多數公車，只有少部分私人經營的公車除外，上車的時候再向司機確認即可。

▲ 公車站的自動售票機

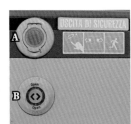

Step 4 前門、後門都可上車

　　當公車抵達站牌的時候，司機會同時打開前後門，直接上車即可。如果有行李箱、娃娃車的乘客，建議從後門上車，空間比較寬敞。基本上司機不會查票，但是偶爾會有查票人員上車突擊驗票，所以千萬不要逃票。

A.緊急按鈕：紅色的是緊急按鈕，只有在發生事故要逃生時才會按 / B.車門按鈕：有標示Open字樣的才是車門的按鈕，按一下車門就會打開

Step 3 確定公車編號&目的地

　　當公車抵達之際，確定公車前方電子看板標示的目的地或編號，標示的地點通常是這條路線的終點站。要特別提醒大家，某些公車站如果是起站，有可能車子抵達的時候是某個號碼，然後在發車時才會突然更新成另一條路線編號。

　　因此接近搭車的時間一定要時時刻刻注意公車前方的跑馬燈，否則會錯過公車。如果還是擔心的話，上車時跟司機確認一下，通常司機都會熱心地回答你，甚至到站時還會提醒你該下車了。

Step 5 查看電子看板

　　大家在搭公車的時候，最害怕的應該是不知道何時下車。這點倒不用擔心！瑞士的公車上有電子螢幕，即將抵達的車站都會顯示出來，你只要確定下車的站名就好。 **請注意** 一個村莊會有好幾站，站名通常是「村莊名+街道或景點名稱」，所以會出現很多類似的站名。例如：Grindelwald Bahnhof是格林德瓦火車站、Grindelwald Kirche是格林德瓦教堂，以此類推。整個地名一定要看完整，才不會匆忙下錯站。

Step 按鈴下車

　　如果時間準時，站牌處沒人等車或車上無人按下車鈴的話，司機通常會過站不停。因此在下一站即將到站前，記得要按下車鈴。在比較鄉村的地方，當地人下車時都會跟司機打聲招呼，例如說謝謝或再見。

貼心 小提醒

博愛座及禮讓婦孺

　　通常位於前後門中間的位置是博愛座，請優先禮讓年紀大的長輩或是婦孺。後門上車的地方，可以放行李箱或娃娃車，單車是外掛在公車外。

攜帶大件行李怎麼辦？

　　搭乘長途的公車(非市區公車)，公車上會有放置行李的置物空間，上車前要先把行李放在置物箱。至於市區公車，後門上車的地方會有放行李的空間。

豆知識

瑞士的郵政巴士(PostBus)

　　由於瑞士多山的險峻地形，早期在汽車普及化之前，山區運送貨品、補給食物和信件都是依靠馬車為主，然後村民順便搭乘馬車來聯繫對外的交通，簡單來說就是一種搭便車的概念。後來1849年郵政巴士公司成立，同時兼管瑞士山區郵政系統和載客的交通工具。在沒有火車和纜車到達的地方，都只能靠郵政巴士來接駁，這種情況延續到今日，黃色的郵政巴士遂成為瑞士的代表性公車。

　　顯眼的黃色外觀，搭配有防曬效果的暗色玻璃窗，車窗下緣用紅色線條裝飾，車身上漆著三音喇叭標誌，行駛在大街小巷，讓人很難忽視它的存在。如今，瑞士境內有超過2,400輛郵政巴士，運行的路線高達9百多條，涵蓋的範圍超過1萬2千公里。有機會來瑞士旅遊，不妨安排搭乘郵政巴士，體驗一下瑞士傳承百年的山區交通。

🌐 www.postauto.ch

ℹ️ 郵政巴士有幾條著名的觀光路線，景觀非常漂亮，有的甚至是跨州的長途路線，包括從Bellinzona→Chur、Lugano→Tirano，長途的需要事先上網預約

打票機

　　瑞士公車上有一台橘紅色的機器，這是打票機，在火車月台上也會看見。一般購買普通單程票、月票或是瑞士交通券的乘客，都不需要打票。但是瑞士有一種舊的票卡，一卡可以搭乘6次，搭車前就得先打票。打完票後，票券上就會印搭車的時間和日期。

交通篇

自駕玩瑞士

開車需要考慮天候變化的各種狀況,需謹慎安排。

開車玩瑞士和搭火車玩瑞士是很不一樣的體驗。開車的機動性高,能夠去一些火車或公車到不了的祕境,像瑞士的高山公路。但是很多山路冬天沒有開放、下雪等因素,冬季在瑞士開車困難度增加不少,再把油錢、停車費等額外的開銷算進去,開車不見得比搭火車方便,還要考慮有些路段容易塞車(像葛達隧道的入口),大家可以依照自己的需求來決定。

▲葛達山路剛開放時的雪景

租車

在瑞士租車,需要攜帶有效期限內的英文國際駕照,駕駛人還得年滿20歲,以及1年以上的開車經驗(也就是持有駕照1年以上),才能辦理租車手續。蘇黎世機場有Avis、Eurocar、Hertz、Sixt/Budget等租車服務櫃檯,不過建議旅客在出發前先上網預訂,抵達瑞士的時候直接到櫃檯辦理拿車即可。

▲瑞士著名的福卡山路(Furka Pass)

▲機場內租車公司的招牌

租車公司這裡查

Avis
http www.avis.com

Hertz
http www.hertz.com

Sixt/Budget
http www.budgetrentacar.com

Europcar
http www.europecar.com

＊資料時有異動,請以官方公布的最新資料為主

加油

瑞士的油價不便宜，目前汽油每公升2CHF上下浮動，折合新台幣約65元左右。瑞士的加油站會把油價標示在大看板上，民眾們進去加油前可以先比較價格。加油站裡沒有服務人員幫你加油，必須要自己親自動手，然後再進去商店內付款；若是晚間商店打烊，則直接從機器付款即可。

路邊就能看到目前的浮動油價▶

▲ 多數加油站會附設小超商

▲ 自己選加哪一種油，然後進去店家付款

A.加油機器編號，自己加油後，要進去商店報上編號繳費 / B.應付金額和公升數 / C.如果在店家營業時間之外，則需自己刷卡付費。通常店家營業到晚上22:30～23:00 / D.從左到右分別是95汽油、98汽油、柴油 / E.加油槍，確認好加哪一種油後，自己加油

購買高速公路通行證

行駛在瑞士的高速公路上，必須購買該年的通行證，一張是40CHF。如果你是在瑞士境內租車的話，通常租車公司已經將通行證貼在車窗上；但是在瑞士以外的國家租車，就必須在邊境向海關購買，或是在瑞士的加油站、郵局都能買得到該年的通行證。

上路需知

記得攜帶相關文件

瑞士的公路網跟火車系統一樣完善，城市之間都有高速公路連接，銜接往鄰國也沒有問題。雖然瑞士已經加入申根國家，不過開車過邊境還是偶爾會有海關抽查行李及證件，一定要攜帶相關的文件才能開車上路。

▲ 開車經過海關時要減速，海關會攔車檢查相關證件

留意開車習慣

瑞士跟台灣一樣是左駕，在人行道或是沒有紅綠燈的交叉路口，要優先禮讓行人先通過。通常

在無交通號誌的圓環，左側的車輛享有優先權。遇到隧道的話，車頭燈必須全程開啓。

禮讓行人的標示牌 ▶

▲ 只要行人站在路邊的斑馬線旁，車輛一定要先禮讓行人

A.高速公路上綠色的路標／B.前往國道的藍色路標／C.市區裡白色的路標

遵守安全規定

前後座的乘客都必須繫上安全帶，12歲以下的兒童必須坐在後座並使用兒童安全座椅。

注意速限

不僅是高速公路，瑞士很多地方都有測速照相機。要特別注意的地方是市區周邊的高速公路，通常速限只有80公里；學校附近和住宅區更是只有20～30公里，經過這兩處時要特別留心。

瑞士對於超速駕駛抓得非常嚴格，尤其是市區及靠近市區的高速公路，都設有超速照相機，開車時一定要注意路肩所標示的時速限制。即使你是租車被照相，租車公司還是會將罰款寄到你家，甚至直接從信用卡扣款，所以絕對不要心存僥倖。

高速公路及一般省道速限

路標類型	路標顏色	速限
高速公路路標	綠色	限速每小時120公里
一般國道路標	藍色	限速每小時120公里
城市內的路標	白色	限速每小時120公里

♥ 貼心 小提醒

行人注意事項

瑞士許多城市有規畫行人徒步區，通常是舊城區的石板街道，禁止一般車輛進入。對於人們逛街購物非常便利，不需要與車爭道。徒步區之外的道路，若是要橫越馬路最好走斑馬線，因為即使是沒有紅綠燈的路口，只要走在斑馬線上，車輛都會停下來讓行人先通過，路邊也標示行人優先的告示牌，提醒開車的民眾要禮讓行人。

▲ 橫越馬路最好走斑馬線　▲ 有紅綠燈的路口，過馬路前要先按鈕

停車

瑞士有許多不同停車的地方，大樓停車位、路邊投幣式停車位、超市的停車位等等；通常大樓式的停車位比較安全，會標示還剩下多少空位。馬路邊的停車位比較方便，不過若是沒看清楚亂停車，說不定會被居民檢舉，一定要先確認該停車位是否可以停車。

路邊付費停車位的標誌 ▶

如有「Privato、Riservato」（義文）▶
、「Privé、Réservés」（法文）、
「Private、Vorbehalten」（德文）等
標示的時候，表示私人停車位，外
人不能隨便停車。

◀ 停車位的看板，指出附近的停車位及還剩多少停車空位

貼心 小提醒

切勿亂停車

除非是規畫好的停車格或停車場，否則在路邊請勿亂停車。因為即使在鄉村地區，許多是私人的土地，很容易被檢舉或開罰單，有些熱門的路段甚至會有禁止停車的標示牌，停車前要仔細看清楚。

路邊停車步驟 Step by Step

Step 1 ## 查看停車位號碼

先找適當的停車位，然後查看是幾號的停車位，有些停車位有號碼、有些沒有，無號碼的停車位，必須將付款後的白色收據放在車內的擋風玻璃下，讓查票人員一眼就能看到。

Step 2 ## 至投幣機按下車位號碼

走到路邊的投幣式機器，按下停車位的號碼。按錯號碼，那等於是幫別人付停車費，所以一定要確定停車位的號碼。

Step 3 ## 拿取收據

若是沒有號碼的停車位，投入硬幣之後，會有一張白色的收據。投幣式的機器上會標示停車費率，預計停多久就依照上面寫的費率投錢，如果不在該時間內，表示這個時段可以免費停車。每個城市免費停車的時間不一樣，以機器上的標示為準。

A.確認停車位號碼
B.投幣

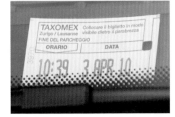

免費租借腳踏車

在蘇黎世有提供免費腳踏車租借的服務。每年的5～10月分，市區提供免費租借腳踏車的地方，遊客只要準備個人證件及押金，便能夠租借單車。由於腳踏車的數量有限，租車站以當天抵達現場租借的人為優先，不提供事先預約腳踏車的服務。如果要租借電動腳踏車，可上網預約，一天費用為20CHF。

腳踏車免費租借這裡查

蘇黎世
- http www.stadt-zuerich.ch/zuerirollt
- @ reservation@zuerirollt.ch
- ✉ Velostation Europaplatz,Europaallee 7,8004 Zürich
- ☎ +41 (0)44 229 50 87

日內瓦
- http www.geneveroule.ch
- ✉ 17, place de Montbrillant, 1201 Genève
- ☎ +41 (0) 22 740 13 43
- 🕐 每天08:00～18:30

＊資料時有異動，請以官方公布的最新資料為主

鄰國交通串聯

瑞士目前已經加入申根國家的行列。

因為廉價航空公司的興起，現今往來歐洲各國，搭飛機說不定會比搭火車來得便宜。瑞士目前已經加入申根國家的行列，搭飛機前往其他的申根國並不會有海關檢查證件，不過還是得隨身攜帶護照及相關文件，以防萬一。

雖然搭乘飛機感覺上好像比較快，可是加上往返機場的交通及候機的時間，不見得會比搭火車快多少。因此往來歐洲城市之間，如果5個小時之內的車程，搭火車或許比較方便，尤其火車都是直接抵達市中心，從瑞士到鄰國也是如此。以下4個城市，是瑞士聯絡歐洲其他國家的主要門戶，提供航空及鐵路的交通方式給大家參考。

蘇黎世

航空

蘇黎世機場是瑞士首要的機場，擁有多數飛往其他歐洲國家的航點，可惜的是廉價航空選擇性較少。整體上來說，若是計畫從蘇黎世出發到其他歐洲城市，瑞士航空的航點最廣、選擇性最多，而且在網路上經常有促銷票，大家可以自行到各航空公司的網站搜尋更多的資訊。自蘇黎世中央火車站搭火車到機場約15分鐘。

鐵路

蘇黎世不但是瑞士國內鐵路網的中心，還是聯絡歐洲他國的重要轉乘站。計畫去德國南部、奧地利、巴黎等地的話，從蘇黎世中央車站搭乘火車前往即可。如果想節省一晚的住宿費，不妨考慮長途臥鋪夜車。

▲蘇黎世中央火車站，是聯繫各國的重要轉運中心

日內瓦

航空

若是從日內瓦要搭飛機前往其他的歐洲國家，easyJet絕對是首選。雖然easyJet是廉價航空公司，不過一定要提早幾個月才能訂到便宜票，如果離出發日期很接近或是臨櫃買票的話，那機票將會變得很昂貴。自日內瓦Cornavin車站搭火車到機場約5分鐘。

▲日內瓦

鐵路

適用於前往法國的旅客。日內瓦位於法國與瑞士的邊境，計畫前往法國的旅客搭乘火車很方便，包括巴黎、里昂（Lyon）或安錫（Annecy）等地。尤其日內瓦每天有許多班車開往法國的各大城市，為乘客們提供便利的鐵路系統，還能省去往返機場的交通和候機時間。要留意，日內瓦有Cornavin及Eaux-Vives兩個火車站，出發前要先確定發車的車站。

巴塞爾

航空

巴塞爾位於瑞士、法國、德國3國的交界處，不論是飛機或是火車，都是相當重要的交通樞紐，是西歐及北歐往返瑞士的門戶。巴塞爾機場（Euro Airport）嚴格來說是德、法、瑞3國共有的機場，距離巴塞爾市區約3公里，雖然沒有火車直達，不過到巴塞爾火車站後再轉乘50號公車前往。自巴塞爾火車站搭乘50號公車前往機場約20分鐘。

鐵路

適用於前往法國亞爾薩斯、巴黎及德國的旅客。巴塞爾的鐵路系統，主要聯絡法國東北部及

▲巴塞爾位於德瑞法3國的交界處

德國西南部的城市，有些旅客會從這邊搭乘火車前往法蘭克福機場，如果搭乘華航直飛的航班就很方便。從巴塞爾搭火車前往法國亞爾薩斯地區很方便，例如科爾馬（Colmar），車程不到1小時，許多來瑞士的旅客會順便安排去造訪。

順帶一提，如果需要辦理退稅的人，記得在離境前要辦妥。巴塞爾火車站內設有旅遊中心，除了提供遊客相關的旅遊資訊外，也販售市區的電車券及旅館訂房服務。

▲ 科爾馬離瑞士不遠，很多人會安排順便遊覽

盧加諾

瑞士義大利語區是前往義大利的門戶，每天有好幾班火車直達北義的米蘭或科摩（Como）等著名城市，只需要1個多小時的車程。許多來到義大利語區的遊客，會順便把北義排進瑞士的行程裡。如果前往歐洲其他國家，米蘭的Bergamo及

▲ 盧加諾是瑞士南部往來義大利的據點

Malpensa機場，有許多航班聯絡歐洲各大城市，非常地便利。

航空

盧加諾距離米蘭Malpensa機場約1小時的車程，可以搭火車或公車直達，不但有許多航班銜接歐洲各城市，還有航班直飛台北，非常便利。

鐵路

適用於前往義大利北部的城市。蘇黎世每天有多班火車直達義大利的時尚之都米蘭，途中會經過義大利語區的貝林佐那及盧加諾兩站。從盧加諾或貝林佐那，每天都有一班直達車前往威尼斯，車程約4小時。

行家祕技　廉價航空easyJet

easyJet為歐洲最著名的廉價航空公司，不論是機型或是服務品質，風評都還不錯。當然歐洲還有很多其他廉價航空，價位甚至比easyJet便宜，不過有些不是飛到該城市的主機場(飛到鄰近城市)，還要搭乘火車才能到達目的地，於時間上和便利性的考量，就不是那麼吸引人了。之前甚至有廉價航空臨時倒閉，延誤到許多乘客的旅途。因此在訂票的時候，一定要先確認是否包括機場稅、飛到哪個機場及行李的價位等各方面條件，這樣才不會臨時出狀況。

http www.easyjet.com

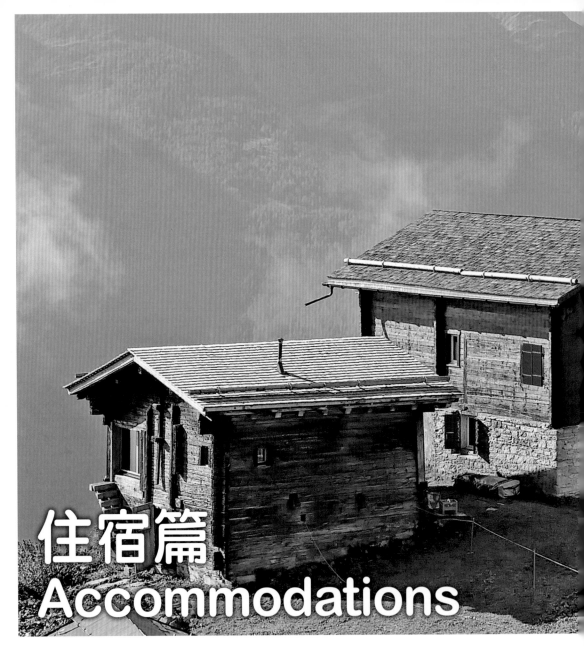

住宿篇
Accommodations

旅行瑞士，有哪些住宿選擇？

瑞士的春天百花盛開、夏天風景秀麗、秋天滿山金黃、冬天是滑雪勝地，
整年四季都有觀光客來訪。尤其是疫情過後，瑞士更是許多人的首選。
因此計畫前來瑞士遊玩，一定要事先訂房，否則很難訂到CP值高的住宿。

住宿種類

從頂級旅館、青年旅館、出租公寓，到民宿B&B，種類十分多元。

因為烏俄戰爭、物價通膨的影響，瑞士的電費和暖氣都漲好幾倍，所以飯店將成本轉嫁到消費者身上，住宿費已經回不去疫情前的標準。下列幾種不同類型的住宿情報，提供給各位參考，讓大家在計畫行程的時，能夠有所幫助。

▲ Interlaken的旅館

頂級旅館

一般來說，瑞士四、五星級的旅館就算相當豪華舒適；四星級的飯店，雙人每晚平均價格大約要200～500CHF左右，而五星級飯店少說也要300CHF起跳。除非你沒有預算上限的考量，不然住到四星級的旅館就很不錯，否則一趟瑞士旅遊下來，住宿的開銷將會很可怕。

中價位旅館

來瑞士旅遊一定要住旅館的話，可以先考慮二、三星級的中價位旅館。三星級的旅館，雙人一晚大約100～150CHF，是大家都還能接受的範圍。這等級的旅館，設備當然不會多豪華，不過至少乾淨整齊，應該可以住得舒適。建議在訂房前要先看過房間的照片，喜歡再訂房，以免抵達旅館時覺得失望。

▲ 瑞士四星級的旅館內景

▲ 訂房時最好先瀏覽過網頁上房間的照片

▲ 市區裡會有旅館的路標，方便旅客尋找

便宜旅館 / 青年旅館

對於經費有限的學生或是年輕族群，這種以省錢為目標的旅客，青年旅館應該可以當作第一考量。整體來說，瑞士青年旅館的環境都算不錯，而且有的還附有廚房可以煮食物，唯一的缺點就是需要跟陌生人睡同一間房。由於大家睡覺、起床的時間都不一樣，休息時間比較有可能會被打擾，私人的財物需要看緊一點。

http www.youthhotel.ch

出租公寓

如果你不想住飯店或民宿，國外也有很多出租公寓，適合停留天數長或是全家出遊的旅客，或即使出國玩還是很愛煮飯的阿姨們。租公寓可以上Airbnb或是booking.com等訂房網站搜尋，當然也能自己google。要提醒大家，通常租賃公寓會多收取一筆清潔費，在訂房的時候要注意其他的規定。

有些房源也許會把照片拍得很美，但是實際入住後卻有落差，例如可能打掃得不夠乾淨，或是小細節沒注意到。這些最好在訂房前，上網多參考一些其他曾經住過客人的評價，看看有哪些優缺點。

▲ 網路上的照片僅供參考用，入住前最好看一下其他客人的評價

民宿B&B

B&B顧名思義就是提供床鋪（Bed）和早餐（Breakfast）的服務，歐洲的民宿通常是和主人住在同一個屋簷下，藉以體驗當地人的生活方式。民宿的價位比星級旅館便宜，又能和民宿主人文化交流、詢問旅遊的資訊、請他們協助當地相關的旅遊問題。整體來說，住宿的環境條件並不會比旅館差。

瑞士各地有台灣人開的民宿，由旅居瑞士的台灣太太們所經營，不但講著相同的語言又有溫馨親切的服務，萬一遇到緊急狀況也隨時能提供協助，讓身在異國的旅人心裡會感覺踏實一些。除此之外，台灣人的民宿有供應中式料理的餐點，讓大家在飲食方面也能吃得滿足。

▲ Ricky家民宿的房間

♥ 貼心 小提醒

城市稅通常另外收

許多歐洲國家住宿都會另外收取城市稅(City Tax)，這情況在瑞士各地區也一樣，按照人頭乘以住宿的天數來收費。平均來說，瑞士每人每晚的城市稅約介於2.5～4.5CHF之間，這費用通常是不包括在住宿的價位之內，請大家要注意。

台灣人民宿推薦

入住台灣人開的民宿，各方面都多了照應，身在異國也能心裡踏實。

Winterthur的Jean's Home

蘇黎世地區

@ acujean@hotmail.com
☎ +41 798312308
$ 雙人每晚155CHF

民宿位在Winterthur火車站附近的公寓大樓，步行到火車站只需3分鐘(200公尺左右)，交通便利。搭火車前往蘇黎世才半小時的車程、距離機場也只需13分鐘，地點非常方便。內部裝潢走時尚簡約風；客房有獨立衛浴設備，最多可住3人，房價包括早餐。

Winterthur的Jenny民宿

蘇黎世地區

http www.facebook.com/jennyhome.bnb
@ jennyaschwanden514@gmail.com
$ 雙人每晚140CHF

Jenny的B&B是獨棟的房屋，位於蘇黎世附近的Winterthur，離機場及市區都很近。民宿經營至今多年，接待過許多台灣及香港的旅客。Jenny民宿以溫馨樸實的居家環境為訴求，廚藝極佳的她提供各種美味豐盛的餐點，讓在外旅遊的人們也能感受到像在家一般的暖意。

Baden的大俠民宿

蘇黎世地區

- http www.n1bnb.ch
- @ Info@n1bnb.ch
- C +41 792022181
- $ 每人每晚50CHF(不含早餐)

　　大俠民宿位於Baden的郊區,是獨棟的節能花園別墅,有開放式中島廚房、客廳、及花園供房客使用,共13個床位(3間衛浴)。可直接包棟,適合多人或家庭旅遊的團體。

Jenny民宿

格林德瓦地區

- http www.facebook.com/jennyhome.bnb
- @ jennyaschwanden514@gmail.com
- $ 整間公寓出租320～480CHF(4～7人)

　　這間民宿是疫情前剛蓋好的3房公寓,適合家庭或小團體旅行的遊客。從民宿的小花園就能眺望前方的艾格峭壁和冰河,擁有絕佳的景觀。民宿位置非常便利,從前方的樓梯走下去,便是格林德瓦的主街,巷口是Migros超市,從火車站走過來約10分鐘。

伯恩的Jessica民宿

伯恩地區

- http www.facebook.com/swissjessicabnb
- @ ynjessica@gmail.com
- $ 雙人每晚160CHF

　　Jessica家為獨棟的別墅,距離伯恩中央火車站約9～14分鐘的車程,民宿有自己的花園及小菜園,歡迎客人自行採用有機蔬果,熱情的Jessica也會提供在地的旅遊資訊及多元化餐點。除此之外,還提供多種房型讓客人選擇,適合多人同行或闔家光臨。

Bellinzona的Ricky民宿

義大利語區

- http rickysu5588.pixnet.net/blog
- @ reminsu@yahoo.com.tw
- $ 雙人每晚180CHF(包括早、晚餐)

　　自2006年開始經營民宿的Ricky,同時也是旅遊作家和帶團導遊,能提供大家非常實用的旅遊資訊。Ricky家在Bellinzona郊區,擁有絕佳的壯闊視野,前往附近的Lugano和Locarno都很方便。很多旅客還會安排去義大利的米蘭和柯摩(Como)等景點。住這裡然後放射性的玩法安排,再理想不過。

瑞士旅館推薦

高級旅館要價不菲，要住就選會讓人此生難忘的一間。

3100 Kulm Hotel

策馬特

http www.gornergrat-kulm.ch

$ 馬特洪峰景觀房約500～700CHF(含早、晚餐)

　　飯店前身為天文觀測站，位於海拔3,100公尺高，是瑞士阿爾卑斯山區最高的旅館，住宿的旅客能體驗被數十座雪山環繞的震撼感。旅館的房間以附近山嶽來命名，而房號便是山的高度。走進房間，便能看見牆壁上貼著來自該座山的石頭及等高線圖，非常有特色。由於旅館本身的位置特殊，有時在旅館附近散步還有機會遇到野生動物，包括阿爾卑斯山羊、土播鼠。不過Ricky建議大家先在策馬特市區住1～2晚，適應海拔高度後再上來住這邊，比較不會有高山症反應。

Hotel Belvedere Grindelwald

格林德瓦

http www.belvedere-grindelwald.ch

$ 艾格峰景觀房約5百多CHF

　　自1907年成立，距離格林德瓦火車站不遠，約步行3分鐘就能抵達。在我住過的格林德瓦飯店中，這家飯店正如其名Belvedere，真的擁有絕佳的視野景觀，飯店正前方是艾格峰，以及山腳下零星散落的小木屋，景色絕對讓人讚嘆連連。還有烤箱、游泳池和戶外spa等硬體設備，在健行一整天後能徹底放鬆身心。

▲飯店大廳陽台外就有絕佳景觀　　▲戶外的spa鹽浴池

Hotel Château Gütsch

琉森

🔗 www.chateau-guetsch.ch
💲 約400～500CHF

這棟白色房屋由建築師艾米‧沃格(Emil Vogt)於西元1888年所建造,設計靈感來源於德國新天鵝堡的樣式,計畫打造一棟如童話故事般的私人宅邸。從市區的河畔,便能看見遠方白色醒目的外觀及尖塔造型,猶如小城堡般地矗立於山坡上。

後來,樓房改建成精品旅館,以當年精美華麗的風格重新呈現,高級的橫紋地板、精美的廊柱雕刻及壁畫、柔順的絨布窗簾、舒適的沙發座椅,從每一處小細節都顯露出貴氣奢華的氣派作風,讓人有種走入一座小型皇宮的錯覺。

▲ 飯店的外觀是仿德國新天鵝堡

▲ 從飯店眺望琉森市區景觀

Hôtel Nendaz 4 Vallées & Spa

嫩達茲

🔗 www.hotelnendaz4vallees.ch
💲 約200～400CHF

位於瑞士西南部隆河谷地的嫩達茲(Nen-daz,法語發音只需要唸「嫩達」即可),雖然海拔只有1,252公尺高,不過因為地理位置在著名的滑雪區—四山谷(4 Vallees)的心臟地帶,擁有長達4百多公里的滑雪道,即使待上許多天都不會滑到重覆路線,所以冬季是滑雪愛好者的天堂。至於夏季,這附近也有許多健行步道吸引遊客前來。

飯店外觀是典型的阿爾卑斯山木屋型態,內部裝潢也散發著溫馨的氛圍,戶外的溫水泳池更是吸引人。從飯店窗外看著前方連綿不絕的雪山時,就覺得這裡真是個遠離塵囂的祕境,值得來放鬆幾天。

▲ 傳統的阿爾卑斯木造山屋外觀

▲ 4月從房間看出去的雪山

住宿須知

瑞士的物價昂貴，訂房時就要考量好自己的需求。

瑞士的住宿費比其他國家高，因此在訂房時就要考量自己的需求，畢竟住旅館或民宿各有其優缺點。以下幾項是瑞士住宿須知，尤其是作客瑞士人家裡，有哪些地方需要特別注意，提供大家參考，以免成為不受歡迎的客人。

事先訂房

一年四季造訪瑞士的觀光客很多，尤其6～8月暑假期間更是熱門的旺季，CP值高的住宿點通常在前一年就會被預訂。Ricky建議大家在出發前先訂好各城市的住宿，這樣出門旅遊才玩得比較安心，不需要一邊旅遊一邊煩惱住宿的問題。若是到瑞士當地才要找住宿點，選擇性會少很多。

選擇適合的住宿

瑞士的物價昂貴（約是台灣的3倍），來瑞士旅遊的住宿費用往往占全部旅費中相當多的比重。但是每個人對於住宿的需求標準不同，不管是星級旅館、民宿還是青年旅舍都各有利弊，因此選擇適合自己的住宿環境就顯得很重要，才不會破壞旅遊的興致。

乾淨方便考量

每個城市住宿地點的選擇，應以乾淨、方便為優先考量。有很多旅館或是民宿並不是在主要的觀光鎮上，交通往返上就比較麻煩。通常，住宿附近有火車站或公車站，都還算方便。

事先約定抵達時間

瑞士有些民宿或公寓，有規定辦理入住的時間，太晚了沒有人開門或拿鑰匙給你。因此在抵達下榻的地點前，務必要先寫信或傳訊息跟對方約定好時間，萬一途中有意外的狀況遲到，也要馬上通知，這是基本的禮貌。

22:00的安寧時間

瑞士人非常注重生活品質，很多地方都有不明文規定的「安寧時間」，一般公寓住戶在晚上10點後不會洗澡或是洗衣服，就是怕吵到鄰居的休息。因此來瑞士旅遊或是到瑞士朋友家裡作客，盡量在晚上10點之前完成盥洗的動作，才不會打擾到他人！

乾溼分離的浴室

　　瑞士的浴室都採用乾濕分離的設計，因此在洗澡的時候，一定要把浴簾拉起來並放進浴缸內，否則浴室就會淹水。在用完浴室後，很多瑞士人都會習慣把洗手台或是地板稍微擦拭清潔過，以方便下一位使用者。

▶ 瑞士的浴室都是乾濕分離，洗澡時要把拉門或浴簾拉起來

衛生紙丟馬桶

　　在瑞士上廁所時，衛生紙直接丟進馬桶沖掉即可，衛生棉、牙線及其他垃圾才丟到垃圾桶內。

行家祕技　善用訂房網站仔細比價

　　現在大家出門旅遊，幾乎都是透過訂房網站系統，不過有時候飯店官網的售價會比較便宜，所以訂房前可以先比價一下，若是要省錢一定要花時間慢慢比較。此外，最好透過知名的訂房網站才有保障，Booking.com和Agoda是一般常用的訂房網站，且有很多真實評價可以參考，可多加利用。

http ww.booking.com
http www.agoda.com

 豆知識

淨身盆(bidet)

　　歐洲南部地區，像義大利、西班牙、法國或瑞士南部等地，在浴室的馬桶旁邊會有一個沒有蓋子的裝置，它看起來像洗臉盆和馬桶的綜合體，中文稱為淨身盆或下身盆，我們稱它為bidet。

　　Bidet是法文，意思是馬鞍，因外型像馬鞍而得名。據說淨身盆最早源自17世紀的法國，當時的皇宮貴族在上完廁所後，會坐上這樣的器具來清洗私密部位。流傳到後來，在天主教地區的國家都有使用淨身盆的傳統。

　　直到今日，瑞士南部提契諾州(義大利語區)的家庭，家裡的浴室幾乎都有淨身盆。畢竟這邊沒有免治馬桶，淨身盆大概就類似免治馬桶的概念，可以減少衛生紙的使用，上完廁所用水清洗也比衛生紙更乾淨。除了清洗私密部位之外，淨身盆的高度剛好適合小朋友洗手，很多遊客還會用來洗衣服等，其實很方便。

飲食篇
Gourmet

到瑞士只能吃瑞士火鍋？

提到瑞士，大家很容易聯想到瑞士的起士火鍋，還有哪些風味美食你不可不知？

雖然瑞士物價昂貴，讓很多人看著餐廳的價位就過門而不入。

但是出門在外，就是要有各種體驗美食的機會，要如何才能吃得飽、吃得好、

又能吃到瑞士特色的佳肴？請看本篇介紹。

瑞士傳統美食

經典道地的料理推薦，豐富你的味蕾。

瑞士火鍋(Swiss Fondue)

瑞士火鍋是阿爾卑斯山區的特色食物，分為傳統的起士火鍋、油炸的涮肉火鍋、巧克力火鍋及中國式火鍋。起士鍋會加入Grüyere、Emmental等起士，並添加酒、大蒜或是洋蔥等佐料，再搭配麵包一起食用，是瑞士餐廳裡常見的菜色之一。

如果想嘗試起士鍋，Ricky建議多人點一份就好，因為多數人覺得不符合台灣人口味，這樣才不會花錢又浪費食物。我們都開玩笑地說，起士鍋是「不吃會遺憾，吃了會後悔！」

麥片粥(Birchermüesli)

有一次在咖啡店吃早餐的時候，看到旁邊桌的民眾點一杯看起來像「冰淇淋」的食物，我不禁覺得很好奇「瑞士人一大早就吃冰淇淋？」。後來在瑞士朋友的介紹下，我才知道這是瑞士很普遍的早餐「麥片粥」。雖然「麥片粥」並不是什麼奇怪的食物，不過我沒有想過它居然發源於瑞士。

在20世紀初期，瑞士人畢爾克醫生(Maximilian Bircher-Benner)建議他的病患食用這種混合穀物、水果、麥片、牛奶及優格所調製成的食物，由於含豐富的營養價值，病患吃了之後健康狀況都有明顯地改善，後來傳到歐美其他國家也廣受歡迎。目前瑞士許多咖啡店提供「麥片粥」為早餐的餐點，可以加奶油及不加奶油，是好吃又健康的瑞士風味早餐。

烤起士(Raclette)

　　走在瑞士街頭，若是聞到陣陣的起士香味，那應該就是有烤起士的攤販在附近了。這道菜是把起士加熱融化後，再用刀子刮下融化的部分，搭配麵包或是馬鈴薯一起食用，依個人喜好再加點酸黃瓜或是胡椒粉調味，也非常好吃。

在森林裡示範 ▶
烤Raclette的瑞士人

野味(Wild Spezialitäten)

　　野味是瑞士山區的特色風味餐，每年的秋天（約9月分），瑞士政府會開放擁有「打獵證」的民眾上山狩獵，目的是為了維持生態平衡，後來逐漸演變成瑞士秋天的重要活動，因此各餐廳也紛紛應景跟風，推出秋季限量的野味大餐，例如野鹿、山豬等野生的獵物。

馬鈴薯煎餅(Rösti)

　　煎薯餅算是瑞士的「國民菜」，為瑞士德語區的傳統菜肴。馬鈴薯先水煮，把外皮削掉刨成絲狀，再加點奶油煎到微焦就人功告成。煎薯餅的吃法依照各地區有多種變化，能搭配不同的醬料，或培根、香腸及肉類等主菜一起食用。覺得自己動手太麻煩的話，在超市能買到現成調理包，回家煎一煎即可食用。

火腿冷盤(Kalte Platte)

　　火腿冷盤常見於山區和義大利語區的傳統餐廳Grotto，通常是當作前菜，單吃火腿會太鹹，所以通常得搭配麵包一起吃，主要包括以下幾種不同的火腿肉片所組成：煙燻乾牛肉、生火腿、熟火腿及義式醃腸等。

薑餅(Biberli)

薑餅是瑞士東部阿彭策爾(Appenzell)的傳統食物，早在西元14世紀左右就存在了，吃起來口感有點像帶蜂蜜口味的糕餅。有的糕餅上方會有壓模的花樣，大一點的甚至會直接用食用顏料畫上去。

燉飯(Risotto)

燉飯算是義大利式的食物，不過在各地的餐廳也常會有這道菜，有香腸、蘑菇、奶油、海鮮等多種口味。相較於亞洲的白米飯，燉飯咀嚼起來的口感會比白米飯硬，像是沒煮熟的感覺，這是正常的情況。

香腸(Bratwurst)

瑞士許多菜肴都會搭配香腸一起吃，下面是幾種著名的香腸。

- **Bratwurst**：最普遍，由小牛肉製的白色香腸，為聖加崙州的名產，味道比較清淡。
- **Sevela**：為紅色較短胖的豬肉香腸，口味偏鹹。
- **Schüblig**：體積最大，以豬及牛肉混合製成，帶點肥肉，卻一點都不油膩，富有豐富的肉汁。
- **Luganighetta**：義大利語區的香腸，有點台式香腸的口感，通常是搭配燉飯食用。

阿爾卑斯通心粉 (Älpermagronen)

阿爾卑斯通心粉是直接從德文翻譯過來，在瑞士非常受歡迎的一道傳統菜肴。據說這道菜的由來，是早期瑞士山區的農夫利用生產過剩的牛奶、起士等原料，和馬鈴薯一起烹煮而成的食物，後來又加了通心粉，並灑上些許洋蔥酥，演變成今日的口味。

上餐廳吃飯

在高級餐廳用餐會是一道一道階段式上菜。

用餐步驟

瑞士有來自各國的餐廳，各語區所供應的菜肴會以當地的特色為主。通常餐廳的門口會擺出菜單，顧客們進去餐廳前可以先看一下菜單的內容，再決定選擇上哪一家餐廳用餐。

Step 1 等服務生帶位

去高級一點的餐廳用餐，通常要在入口處或是櫃檯等候，服務生就會過來詢問是要用餐還是喝飲料，在確定人數後會帶領客人到餐桌坐下；若是一進餐廳就自行找桌子坐下，是非常沒有禮貌的行為。

Step 2 點飲料、點餐

服務生拿菜單過來後，通常會先詢問喝什麼飲料和點什麼菜。對瑞士人來講，正常的情況下都會點飲料，可以點水、冰紅茶、汽水類或是啤酒等飲料。切記，咖啡是用餐後才點！

Step 3 上菜

通常上菜前會提供麵包，大多數的餐廳不會規定套餐式吃法（前菜+主菜+甜點），若是不想吃前菜或甜點，單點主菜就可以了。要留意的是，通常餐廳會等同桌所有人的餐點都準備好了再一起上菜，不會讓同行的伙伴中有人先吃，而其他人在一旁觀看，所以上菜速度可能會稍微慢一點。

Step 4 點甜食&咖啡

用完餐後，服務生會先過來收走桌上的盤子，如果你沒有點甜點，他們會順便詢問顧客是否需要甜點。通常瑞士人會在這個時候點咖啡！

Step 5 付帳

向服務生索取帳單後，他們會把帳單拿過來請客人付款。你覺得服務不錯的餐廳，可以直接給整數，其他的零頭當小費。帳單上會有店家的地址及電話，也會列出詳細的價目明細。

看懂菜單

雖然瑞士分爲4個語區,每個語區菜單的內容都不太一樣,不過每份菜單還是有異曲同工之處,只要抓住基本的訣竅,你也能輕鬆點菜!最方便的方法,就是把手機拿出來,直接google翻譯菜單,就不怕有任何閃失。一般菜單分爲下列5大部分,除非是去比較高級的餐廳,否則很多人也都會選擇「單點」。

A.菜肴分類,例如:馬鈴薯、義大利麵、肉類料理等 / B.菜肴名稱 / C.菜肴內容,主要的食材、醬料等,都會標示出來(會標示不同的語言) / D.單價

前菜

主要是醃燻火腿、鮭魚或是起士之類的冷盤,有點類似開味菜的性質,雖然分量不大,可是通常一盤幾百元台幣跑不掉。如果食量比較小的人,或是不想花大錢吃主菜,午餐點一份沙拉或前菜搭配麵包一起吃,其實也很平常。

沙拉

通常菜單本子打開,列在最前面的都是沙拉和前菜等輕食。若不知道要點哪一種沙拉,最保險的方式就是點「綜合沙拉」。沙拉的種類很多,主要是依蔬菜的種類和醬汁去區分。至於醬汁,法式或是義式的都不錯。

義大利麵&馬鈴薯類

馬鈴薯類的食物是歐洲人的主食,連瑞士人也不例外,煎馬鈴薯餅就是瑞士德語區最普遍的菜色。至於義大利麵就是我們一般說的pasta,雖然製作的材料都是麵粉類,不過依麵條的形狀還可細分爲義大利麵、筆尖麵、螺旋麵、蝴蝶麵、通心粉等各種名稱,再搭配不同的醬料,那就有上百種變化了。

主菜：肉類&魚類

肉類及魚類是瑞士人的主菜，各家餐廳都有獨特的料理方式，通常是搭配薯條或是白飯一起吃，不過這邊的白飯比較硬，跟我們傳統的白米飯不一樣。

甜點&飲料

甜點和飲料都在菜單的最後面部分，飲料包括酒精飲料及無酒精兩類。酒精飲料又細分為啤酒、紅（白）酒等，通常點紅酒或白酒時，服務生會整瓶拿過來倒一些在酒杯裡讓你試喝，滿意了才向服務生確定點這款酒。甜點則依照每個地區不同，提拉米蘇和冰淇淋算是很大眾的甜點。

瑞士的超市

在物價高的瑞士，要省錢，上超市買食物是不錯的選擇。

到瑞士旅遊不太可能每餐都上餐廳吃飯，因為開銷會很可觀。最便宜的外食，除了三明治和土耳其的Kebab，就是像麥當勞這類的速食店。麥當勞一客套餐約13CHF左右(約新台幣400元)，這算是外食中便宜的價位。此外，也可以到超市買食物。以價位等級來區分的話，瑞士的超市可以分成3個等級。

▲ 瑞士最便宜的外食，就屬三明治和土耳其的Kebab

價位偏高的昂貴超市

代表超市：Globus、Manor

第一級是最貴的超市，Globus和Manor這兩家是以百貨公司為其主要的市場。Globus只開在重要的大城市，走高品質、高價位的經營策略。根據瑞士人的說法，Globus所賣的生鮮食品（尤其是肉類），品質實在好的沒話說。

Manor超市通常附屬於百貨公司內，幾乎在各城市都能看到，規模有點像台灣的遠東百貨！賣的東西從化妝品、居家用品到電器都有，遇到折扣季時往往可以下殺到5折（通常在6月底和1月初開始）此時正是撿便宜的大好時機。（Manor詳見P.142）

Manor分布於瑞士各城市 ▶

▲ Manor附屬的餐廳—Manora，是自助式的沙拉吧餐廳

平價超市

代表超市：Coop、Migros

這兩家是大家最熟悉的瑞士超商，不論大城或小鎮，幾乎獨占整個瑞士的市場，理所當然也是民眾們採購食物和日常用品最夯的地點。以整體的平均價位而言，Coop比Migros稍微貴一點，大部分的瑞士民眾也比較喜歡去Coop。原因很簡單，他們認為Coop比較高級。

Coop和Migros每週都會有不同的特價商品促銷，販售的商品也不盡相同（Migros不賣酒類產品），因此同時跑兩家超市是常有的事。超市的規模因地點的不同而異，以Migros而言，有M、MM和MMM，MMM的賣場空間最大，貨色也最齊全，不過通常在市郊，遊客比較少能看到。

買自產品牌最省錢

在這兩家超市買東西，最省錢的方法就是買它們自家生產的品牌，通常會比其他牌子便宜一些。若是要買M產品只能去Migros超市；Coop牌的產品則要去Coop超市。如果想買紀念品，超市的巧克力或是印有瑞士國旗圖案的商品，都是不錯的選擇。

熟食區選項多元又可口

若是你肚子餓，又不想花大錢，這兩家超市就是最好的補給站。它們有自己的餐廳之外，熟食區的食物比上餐館便宜許多，包括Pizza、三明

治、烤雞、甜點等，種類很多樣化。你可以再買個三明治或是麵包，外加一瓶飲料，這樣的費用絕對比上餐廳便宜。

規模大一點的超市會附設飲食區，不用擔心須蹲在街頭啃麵包，可以大方地坐在超市裡吹著冷氣，享用食物，其實有點像台灣的便利商店。

到。這幾家超市的價位最便宜，不過商品的貨色比較少，尤其是新鮮肉類的選擇性少一點。很多瑞士人不太喜歡來這裡採購，但是蔬果類的商品物美價廉，吸引不少外國人前來。

便宜超市

代表超市：Denner、Aldi、Lidl

這類超市在各城市都設有據點，可是通常位置不在市中心，所以一般觀光客比較少有機會遇

超市蔬果購買步驟 Step by Step

Step 1 拿塑膠袋、挑選蔬果

塑膠袋通常在蔬果區都會看到，自備環保購物袋也行，沒有強迫要用超市的塑膠袋。

請注意 千萬不要每一顆水果都摸一摸再放回去。如果自認是喜歡挑三揀四習慣的人，請記得去拿透明的手套戴上，瑞士人很討厭別人赤手摸蔬果。

Step 2 確認商品編號、秤重

通常每一項蔬果都會有名稱及編號，同時標示每公斤／公克多少錢，萬一看不懂可以用手機google翻譯一下。自行拿去秤重，並點選編號，然後機器會印出標示價錢的貼紙。

Step 3 到櫃檯結帳

將印好價格的標籤貼在塑膠袋上，再和你其他要買的東西全部一起拿到櫃檯結帳。

超市好物介紹

出門旅行要深入體驗當地人的生活，最簡單的方式就是逛超市。各地超市裡賣的商品，最能直接反映出該國的文化及飲食習慣。瑞士超商每項東西的標價都很清楚，購買時不用擔心被當肥羊宰割。除此之外，在物價昂貴的瑞士旅行，善用超市絕對能幫你節省不少餐費，旅途中適時地補充蔬果更為重要，要吃得營養又健康，才有體力完成一趟完美的瑞士之旅。

生菜沙拉&醬汁

在外旅行要烹煮食物比較不方便，如果想在飲食中多補充點蔬菜，那各大超市都有賣生菜沙拉的調理包，不但有許多種類的蔬菜，搭配不同的醬汁來食用風味也很讚。尤其在炎熱的夏天，吃生菜沙拉會覺得較清淡。至於醬汁主要有兩大款，法式及義式。法式醬汁偏甜，口感偏向凱薩沙拉；義式醬汁因為有巴撒米克醋（Balsamico）的成分，會稍微酸一些，Ricky推薦大家試看看義式的醬汁，一瓶3.5CHF。

微酸的義式沙拉醬 ▶

▲ 冷藏櫃裡擺滿了琳瑯滿目的生菜沙拉

三明治

三明治通常放在冷藏區，有鮭魚、火腿、起士等多種內餡可供選擇，搭配吐司或麵包能變化出許多口味。來瑞士旅遊，大家經常會在山區裡健行一整天，這個時候買份三明治帶在身邊，便是解決午餐最好的方法。通常一盒三明治售價約3.5～8CHF之間。

御飯團&壽司

Migros超市裡的冷藏區有賣類似御飯團及壽司等即食的食物，還有日式的涼拌海帶及豌豆。當然冷藏壽司的口感沒有餐廳現做的好吃，不過對於想要吃點亞洲食物的人，可以稍微解解饞。御飯團一個約3.8CHF。

素食類

許多吃素的人來瑞士,會自備如沖泡式的香積飯。其實除了生菜沙拉外,瑞士的超市還有販售素食的調理食物,只要稍微加熱、煎過就可以食用,素食者也有多種選擇。一盒約4~6CHF。

Aromat調味料

幾乎每個瑞士人家裡廚房都會必備一瓶Aromat,這可是瑞士媽媽的廚房好幫手。這款調味料是康寶旗下的產品,在西元1952年問世,主要的成分包括鹽、小麥粉、酵素萃取物、大蒜粉等天然的成分,不論是煮飯、炒菜或是沾水煮蛋來吃,灑上一些Aromat調味粉,沒什麼味道的食物立即變成很好吃,還能吃得健康又安心。一瓶3CHF。

優格

瑞士農牧業也相當聞名,尤其瑞士本地出產的乳製品更是品質的保證。整體來說,瑞士超市販賣的優格口味多元,一小瓶裝約0.6~0.7CHF,非常便宜。不但熱量低又容易有飽足感,不管是上山健行或當早餐吃,對外出的旅人都是理想的健康食品。

米

很多遊客擔心吃不慣瑞士的食物,從台灣千里迢迢扛米來瑞士旅行,這樣遠渡重洋帶米來瑞士真的是重又麻煩,只會增加行李重量及自己的負擔而已。其實瑞士的超市也有賣米,Ricky推薦Denner超市賣的這款泰國米(圖左),吃起來的口感跟我們平常吃的很接近,如果要在Migros超市購買,選紫色包裝的最好吃(圖右)。1公斤包裝2.55CHF。

Sbrinz起士

　　來自瑞士中部地區的Sbrinz起士，是歐洲歷史最悠久的起士品牌之一，雖然口感稍微偏硬，但是咀嚼在嘴中散發出的濃郁奶香味，彷彿是在吃牛奶糖的感覺，即使平常少吃起士的人也都會喜歡。一塊約5CHF。

雞蛋

　　在超市販售的雞蛋，除了瑞士本地生產的，還有其他歐洲國家進口的雞蛋，每顆雞蛋上都有編號，標示來源。還有一種蛋殼塗上顏色的蛋，這是可以現吃的水煮蛋，很多瑞士人健行前會買這種蛋帶去山上吃。

Zwieback烤麵包片

　　外型有點像吐司的Zwieback，名稱是從德文zwei-backen演變而來，字面上就是「烘烤兩次」的意思，是瑞士人很普遍的早餐食物。主要的成分為雞蛋、麵粉和糖，烤過第一次後會先切片再次烘烤，吃起來的口感像香脆的餅乾，塗抹奶油或是蜂蜜之後的風味更佳。各大超市都有販售，約3CHF。

Rivella汽水

　　來瑞士一定要品嘗的國民飲料，那就是Rivella。這款汽水是由乳清所製造，主要的成分包括乳糖、乳酸及礦物質等等，能喝得營養又健康。Ricky個人最喜歡紅色的原味，味道類似維大力汽水。其他口味包括藍色(低糖)、綠色(綠茶)、黃色(黃豆)、桃子和大黃(rhubarb)等新口味。

Gazosa汽水

瑞士南部義語區的汽水飲料，當地的傳統餐廳或超市都會販售，有檸檬、橘子、覆盆莓等多種口味，甜度比普通汽水稍微低一些，在炎熱的夏季特別覺得清涼解渴。超市小玻璃瓶裝約1CHF，餐廳大約賣4～5CHF。

莫凡比冰淇淋

成立於西元1972年的瑞士首席冰淇淋品牌莫凡比（Mövenpick），從材料的生產到製造的過程都是採用純天然方式。Ricky個人非常喜歡焦糖（Caramel）和瑞士巧克力（Stracciatella）口味。大盒約10.5～13CHF，視口味而異。

PH Balance肌膚護理產品

很多人來瑞士旅遊都有皮膚乾燥的問題，如果剛好是敏感性肌膚的人，乳液或是沐浴用品更是不能隨便亂用。Migros超市賣的這款PH Balance護理系列，設計保護肌膚的中性pH值5.5，以減少過敏的可能性。

有香皂、沐浴乳和乳液等多種產品，藍蓋是針對敏感性或乾燥肌膚的人，我自己是習慣用這款；紅蓋擦完會感覺超級滋潤，如果是皮膚非常乾燥的人可以用看看。一瓶約5～6CHF。

熟食區

規模大一點的Migros和Coop超市都會規畫熟食區，販售的食物包括烤雞、咖哩飯、披薩等食物，對於經費有限的旅客是能夠吃得好又不需要花大錢就解決一餐。

季節性
特產及水果

豆知識　**血橙，可不是壞掉的柳橙喔**

冬天是柳橙比較便宜的季節，超市販售的柳橙主要來自義大利和西班牙等地。有一種台灣比較少見的血橙(blood orange)，切開後果肉呈現暗紅色，其花青素含量特別高，而且非常甜。下次買到血橙的話，千萬不要以為是壞掉的柳橙喔。

1～2月

嘉年華餅乾

　　每年1月，超市會開始販售嘉年華餅乾(Fasnachtschuechli)。這種吃起來酥脆的餅乾，是經過油炸後再烤過，然後灑上白色的糖粉，許多瑞士家庭在嘉年華期間會買來吃。

3～4月最便宜

兔子造型巧克力

　　在復活節前的一個月(通常是3月分)，各大超市就會開始販售兔子造型的巧克力，到了復活節過後會打對折出清，想要撿便宜的話，可以等復活節過後再買。

3～4月最便宜

草莓

　　超市幾乎一整年都買得到草莓，不過真正便宜的季節是3～4月底，一盒約2CHF就有。長得漂亮的大草莓，多是從西班牙或義大利進口，瑞士本地產的草莓比較小顆，5～6月才陸續上市。

6～7月

櫻桃

　　夏季初期是瑞士櫻桃的產季，色澤紅潤而且甘甜好吃，售價甚至比台灣還便宜。有些農場會讓遊客摘櫻桃，在中部的楚格(Zug)還會舉辦關於櫻桃的慶典活動。

http www.zugerchriesi.ch

6～7月

桃子

　　夏季是桃子的盛產期，7月是桃子最便宜的月分，尤其是扁狀的蟠桃售價比台灣便宜，這時間造訪瑞士的人是撿便宜的好時機。

7～8月

西瓜及哈密瓜

　　哈密瓜是夏天的水果，最便宜好吃的季節是暑假的時候。歐洲人喜歡哈密瓜配生火腿(prosciutto)一起吃，是夏天清爽消暑的菜肴。西瓜只有在夏天才會販售，主要的產地是義大利。

葡萄

9月開始是歐洲各國葡萄的採收期，這期間的葡萄最好吃，瑞士各地區都有相關的節慶活動，Ricky推薦紫色或綠色無籽葡萄，最便宜時一盒裝約3CHF左右。

9～10月

野味

秋天是瑞士鄉村吃野味的季節，各大餐廳會推出相關的餐點，超市裡也會賣盒裝的鹿肉調理包。

9～11月

南瓜

瑞士的超市全年都有賣南瓜，但是產季差不多是每年的10月分，在瑞士的超市及許多農場，都能看見整籃的南瓜在特價販售，很多餐廳會趁機推出南瓜的料理。

10～12月

烤栗子

瑞士南部義大利語區到處都種植著栗子樹。進入秋季時，瑞士街頭會出現烤栗子的路邊攤，現烤的栗子咀嚼在口中不但香味四溢，還能感受到一陣陣暖意！(通常售價以克計算，100克約8CHF)

10～12月

柿子

雖然10月底在超市就能看到柿子的蹤影，不過真正盛產大約要等到11月分，價位才會比較便宜。超市賣的柿子即使硬的也很好吃，脆脆的口感別有風味。一顆約1元多瑞郎。

10～12月

Panettone

這款蛋糕在11月開賣，吃起來不會太甜，在聖誕節過後會特價出清，想撿便宜可以等。

11～1月

異國水果區

由於瑞士天氣偏冷的緣故，無法種植熱帶及亞熱帶的水果，不過各超市皆會自國外進口熱帶水果，包括鳳梨、香蕉、木瓜、芒果等等。所以不論任何季節，這些水果全年都買得到。

全年

特色麵包&甜點

歐洲人習慣吃麵包，瑞士當然也不例外。位於歐洲中心的瑞士，承襲鄰近各國的不同口味麵包，所以來到瑞士的遊客可以利用這個機會，品嘗各式各樣的麵包。至於甜食，是瑞士人生活中重要的點綴，飯後有甜點，才會讓人覺得是一頓完美的大餐。下列便是幾種在超市、麵包店裡常看見的麵包及甜點。

德國結麵包(Brezel)

德國結麵包因細長彎曲纏繞的形狀而得名，有的人稱為扭結麵包。這種麵包嘗起來帶點鹹味，在咖啡色的麵包上還能看見白色顆粒的鹽巴，許多人喝咖啡或是啤酒時都喜愛搭配這款小點心。

貼心 小提醒

餐廳佐餐也常配麵包

許多餐廳在上菜前，會先拿麵包過來，有些餐廳是免費，有的是額外收費。瑞士人習慣一邊吃飯一邊配麵包，甚至有人會用麵包把餐盤裡的醬汁「吸」乾淨。

全麥麵包(Pane Rustico)

雖然全麥麵包的外皮比較硬、口感不像白麵包那麼好吃，不過因為香酥的味道和營養價值，所以很受歡迎，許多瑞士人喜歡吃全麥麵包多過於白麵包。通常都是以整條販售，吃的時候再自己切片！

辮子麵包
(德文Zopf / 義文Treccia)

辮子麵包因像一條大型的長辮子而得名，通常用塑膠袋包起來後，放2～3天吃還是很鬆軟。成分含豐富的奶油，吃起來非常香，瑞士人傳統的習慣是週日才跟家人一起吃，在各大超市及麵包店都會看到這款麵包的蹤跡，是很普遍的一款麵包。

法國長棍麵包(Baguette)

長棍麵包是很普遍的一款麵包，細長的形狀很好辨識，因為普通手提袋或背包很難裝得下，多數居民買完之後會直接挽在手裡。長棍麵包外硬內軟，吃起來散發麵粉的香味，歐洲很多三明治都是使用長棍麵包。

牛角麵包(德文Gipfeli)

道地的瑞士牛角麵包，跟法國的可頌(croissant)算是親戚，但不論外型或吃起來的味道還是有些差異。瑞士牛角麵包使用的奶油和糖更少，外觀形狀看起來像上弦月，有全麥、奶油、鹼液等口味，一般超市或麵包店都會賣。

飲食篇

聖誕人形麵包(Grittibänz)

每年到12月分的聖誕節前夕，各家麵包店及超市就會開始販售聖誕人形麵包，許多家庭會買這款麵包來應景。尤其在12月6日的聖尼古拉節，在街頭巷尾還能同時看見聖誕老人在街上發送糖果及餅乾給小朋友。

提契諾麵包 (Pane Ticinese)

提契諾麵包外觀看起來像腹肌的形狀，很容易辨識。麵包外皮是屬於偏硬的酥脆口感，嚼起來外酥內軟，充滿了濃郁的麵包香味。

水果派(Pie)

瑞士媽媽平常都會烤各式各樣的糕點，包括蘋果派或梨子派都很常見。尤其許多鄉村地區自家就有蘋果樹，生產過量的蘋果經常會被拿來做成蘋果派。

傳統市場

每個城市的市集花樣百出，必須親身體驗才知道多好玩！

瑞士各地都有傳統市集，主要提供當地民眾購買新鮮食材的場合，同時也賣各種服飾及小東西。因此在傳統市集裡，能看見各種不同類型的攤販，外地遊客們也可趁機體驗瑞士人的飲食及生活習慣。此外，每個城市的市集花樣百出，如洋蔥市集、二手市集、葡萄酒市集等。

麵包攤

瑞士人的用餐習慣是搭配麵包一起食用，再加上市集通常是早上，所以有些民眾也會在市集買麵包當早餐。

蔬果攤

　　當地農民販售自家新鮮的蔬菜及水果，通常單價會直接標示出來，有的攤位允許顧客自行挑選，有的則需要向老闆說購買的東西及數量後，再由老闆裝好拿給客人。最保險的做法就是先在一旁觀察，不然也可以禮貌的詢問老闆。市集裡蔬果的售價未必比超市便宜，不過都很新鮮。

起士攤

　　瑞士各地會生產不同口味的起士，市集裡的起士通常是農家們自行生產製造，算是頗具當地特色的食物之一。有的攤位會切一小盤放在攤子前讓顧客試吃，可以試吃看看，喜歡再買。依規定起士可以攜帶回台灣，不會被海關沒收，請放心購買！

肉類攤

　　瑞士的肉類價格昂貴，牛肉最貴、豬肉其次、雞肉最便宜。對觀光客而言，因為住宿的地方沒辦法烹煮食物，購買生肉的機會並不多。不過某些肉攤會賣火腿或是醃燻臘腸類的食品，倒是可以考慮嘗試看看！

服飾攤

　　瑞士每個市集裡，經常會看見服飾攤位。基本上，這些攤位不賣流行服飾，也不會是名牌高檔貨；相反地，出現在市集裡的服飾以手工毛線織品居多數，如頭套、圍巾、毛衣、手套等產品，帶有印度風或是非洲風格的服裝也很常見。

小玩意攤

對於喜歡逛歐洲市集的朋友,小玩意攤位應該是最大家受歡迎,這裡可以買到小紀念品、裝飾品,從香精、蠟燭到居家擺設的裝飾品,商品的種類可說是琳瑯滿目。

二手攤

二手攤位顧名思義就是舊東西便宜賣,雖然不是新的商品,不過這裡經常會有各種奇珍異寶,像舊古董類、小朋友的玩具類、電動遊戲、或鍋碗瓢盆。有時間的話不妨仔細逛,說不定會有意想不到的收穫。

瑞士市集一覽

市集地點、名稱	營業時間	地點
蘇黎世火車站市集	週三10:00〜20:00	蘇黎世火車站內
蘇黎世Kanzlei二手市集	週六08:00〜16:00	Flohmarkt Kanzlei, Kanzleistrasse 56
蘇黎世鮮花蔬果市集	週二、五08:00〜11:00	Bürkliplatz 、Helvetiaplatz
琉森魚獲市集	週二、五、六早上	河岸邊的市中心
琉森鮮花蔬果市集	週二、六早上	河岸邊的市中心
巴塞爾Basel	每天早上	市集廣場(Marktplatz)
伯恩Bern	週二、六早上	國會大樓前的廣場
貝林佐那Bellinzona	週六08:00〜12:00	市中心舊城徒步區
盧加諾鮮花蔬果市集	週二、五早上	Riforma廣場
洛桑Lausanne	週三、六早上	St-François教堂旁的舊城區

▲ 蘇黎世火車站內的市集

▲ 琉森的魚獲市集

在瑞士外食，一定要先瞭解哪裡有經濟實惠、又可以填飽肚子的好地方。

在瑞士上餐廳吃一頓，平均來說大約要台幣1,000～1,500左右的預算。來到物價昂貴的瑞士，要怎麼節省飲食的花費？要如何不花大錢又能吃得飽？

速食店

全世界的速食店（Fast Food）都大同小異，瑞士幾家耳熟能詳的速食店就是麥當勞、KFC和漢堡王。麥當勞的套餐，除了大家耳熟能詳的大麥克、麥香雞（魚）等基本款之外，還會有一些適合當地人的特殊口味。整體來說，速食店的上餐速度夠快，價位便宜也是吸引觀光客上門消費的主要原因。

多數速食店的員工都能以英文溝通，或是設立自動點餐的機器，即使語言能力不好的人，比較沒有點餐方面的困擾，直接點選機器的照片就能完成點餐。要特別留意的是，多數速食店的廁所設有密碼，需要先點餐，才能依收據上的密碼上廁所。

Kebab專賣店

瑞士各地都有Kebab專賣店，對於不想花大錢、臨時想找東西吃的人是很方便的選擇。Kebab一般稱爲「土耳其肉捲」，有點類似「沙威瑪」的概念，價位比麥當勞這類的速食店略微便宜，既能省錢又能吃得飽。內餡包括肉類之外，還有番茄、洋蔥、酸黃瓜等，可以依各人的口味搭配各種不同的醬汁，售價約10～12CHF左右。

超市餐廳

許多Migros及Coop超市都附有餐廳，這種屬於沒有服務生到桌服務的「自助式」餐廳，必須自

己點餐、拿餐,吃完後還要將餐具拿回手推車放。不管是生菜沙拉、義大利麵類、豬(牛)排,價位都比其他的餐廳便宜一些,菜色也還算可以,對於求方便又快速的顧客是不錯的選擇。

路邊攤

我想很多人都有逛街時突然肚子餓的經驗,又不想上餐廳吃飯,或是還沒到吃飯時間,這時候路邊攤就派上用場。雖然瑞士人沒有邊走邊吃的習慣,不過在路上還是有各式各樣的路邊攤,烤香腸、三明治、炒栗子、甜食、冰淇淋等各種不同的攤販,提供大家買小點心的需求。由於邊走邊吃比較不雅觀,建議可以直接站在攤位旁吃完,或是找張路邊的長板凳坐下來慢慢吃!

Too Good To Go

Too Good To Go是一款近年在瑞士很紅的手機軟體,只要登記好你想要購買的店家,就能以超級優惠的價格買到附近商店打烊前剩下的食物,包括Migros超市、甜點店、各種餐廳等等,尤其在大城市的選擇性更多。

因為標榜不浪費食物,所以內容就是當天店家賣剩的東西。根據我自己使用的經驗,每家店取

貨的時間不同,你得有空閒搶訂單和前往店家拿貨。甜點都是當場從櫥窗冰箱取出來,畢竟店家也還在營業中,都是還在販售中的商品,回家吃起來的口感還是非常新鮮!

至於蔬果品質,賣相當然不是上等,不過當天處理過後1～2天內吃完倒是沒問題。一小箱蔬果內有黃瓜、李子、桃子、1顆哈密瓜、2顆酪梨和3盒葡萄,平常這樣一箱的價位估計要4～5倍左右。如果想省錢的人不妨下載他們家的APP來玩看看。

行家祕技　免費清涼的礦泉水

喝水是每天最重要的民生需求,來到瑞士旅遊,其實不太需要擔心喝水的問題。在瑞士各地都有源源不絕的泉水,你只需要隨身帶個水壺或是保特瓶,就能喝到免費又清涼的礦泉水。不過在喝水前,要先確定水池的水是否能喝,通常有註明「eau potable」字樣的都可以喝,但是電動循環系統的噴泉就不能飲用。

購物篇
Shopping

在瑞士,買什麼紀念品?

雖然瑞士不是以血拼購物聞名的國家,但是瑞士出產的各種好物皆有品質保證,
讓我們來看看瑞士有哪些你一定要認識的國產品牌或是值得收藏的伴手禮。
下次不要跟別人說瑞士只有出產瑞士刀喔!

最佳伴手禮 & 紀念品

瑞士商品向來是品質保證，送禮自用兩相宜。

「瑞士國旗」周邊商品

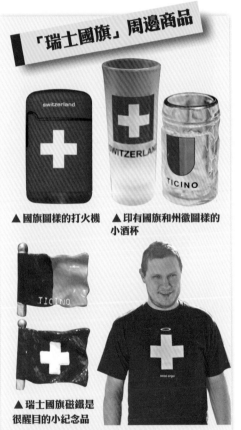

▲ 國旗圖樣的打火機　▲ 印有國旗和州徽圖樣的小酒杯

▲ 瑞士國旗磁鐵是很醒目的小紀念品

　　將紅底白十字的瑞士國旗印在T-shirt上是相當顯眼又特殊的圖案，由於花樣的設計簡單又能彰顯瑞士的特色，一直都是很受民眾喜愛的熱門商品。

聖伯納犬布偶

　　號稱是瑞士國犬的聖伯納，在瑞士許多山區都能見到它們的蹤影，溫馴安靜的個性及背負著救難犬的任務，讓大家對聖伯納犬總是抱著崇高的敬意。瑞士商家因此也推出聖伯納犬的布偶，各種可愛的造型讓人愛不釋手。在策馬特或少女峰山區的商店能買到。

瑞士國花商品

　　瑞士的國花——雪絨花（Edelweiss），中文名稱是「薄雪草」，生長在海拔1,700～3,000公尺的山區。在許多商店內可以看見印有這款小白花的東西，如杯子或是杯墊之類的產品，因為花樣圖案簡單又同時能代表瑞士，因此頗有紀念價值。

星期五包(Freitag)

　　星期五包由馬可仕(Markus)和丹尼爾(Daniel)兩兄弟在1993年所創立,並採用他們的姓氏星期五(Freitag)作為品牌的名稱。耐用及防水性是星期五包的兩項最大特色,包包使用廢棄的卡車帆布為材質,以人工剪裁製造而成,所以花色不會完全一樣,非但具設計感而且跟得上潮流的腳步。瑞士街頭經常看到民眾攜帶出門,因而有瑞士國民包之稱。

✉ 品牌總店:Hardstrasse 219,8005 Zürich
🄲 週一～五10:30～19:00、週六10:00～18:00
💲 平均1個包約200～300CHF

瑞士刀

　　只要看過電視影集「百戰天龍」的人,應該對瑞士刀(Schweizer Armeemesser)的印象很深刻。劇中的主角馬蓋先(MacGyver)運用一把簡單的瑞士刀,往往能克服各種困境、化腐朽為神奇!回顧瑞士刀的歷史,可追溯到西元1891年,當時由瑞士人卡爾.艾斯那(Karl Elsener)製造了第一把木製手柄的刀子,同時兼具螺絲起子和開罐器的功能。

　　後來,瑞士刀不斷地改良並研發新的功能,因為它精巧又擁有多功能的用途,廣受瑞士及世界各國的軍隊青睞,便以瑞士軍刀流傳於世。最知名的品牌為Victorinox及Wenger這兩家。除了傳統的瑞士刀之外,還有設計出名片型、USB隨身碟、手電筒等多樣化的款式。特別提醒大家,瑞士刀不能放在手提行李中,記得一定要以託運的方式來攜帶。

http www.victorinox.com
✉ 各大百貨公司、紀念品店
💲 平均一個約15～100CHF,依功能及大小而異

Ricola喉糖

是採用瑞士山間的草本植物所製成的天然糖果，口感清涼爽口，標榜不添加糖等成分，對於止咳、潤喉及滋潤喉嚨都有顯著的功效，是Ricky強力推薦的瑞士產品。我平常帶團需要常講話的時候，一定會帶整罐在身邊備用。

乳牛造型商品

對於以農立國的瑞士而言，乳牛算是相當重要的動物，因此許多商店內都能看見乳牛造型的商品，如開罐器、杯子餐盤及陶瓷器具，是很可愛的紀念品！

▲乳牛造型商品

▲乳牛造型開瓶器　▲各種造型的乳牛鑰匙圈

▲印有乳牛的保溫杯、馬克杯很有紀念性

風景月曆

景色如畫的瑞士，將漂亮的照片拿來當月曆是再合適不過。來瑞士旅遊，不妨買幅瑞士風景月曆，回到台灣後還能隨時回味瑞士的旖旎風光呢！

巧克力沖泡粉

以巧克力聞名的瑞士，當然少不了巧克力粉。瑞士人喜歡喝巧克力飲品，這種巧克力粉直接沖泡冰牛奶風味絕佳，在飯店的早餐、咖啡廳一定會供應熱巧克力。瑞士知名的品牌Caotina，是Ricky覺得品質最好的巧克力粉，1公斤裝的一袋特價時大約10CHF，也有賣小盒或隨身包裝，送人很方便。

▲正常的原味已經有添加糖　▲不喜歡太甜的人買黑色的Noir口味

瑞士風味造型磁鐵

各種不同造型的小磁鐵，是出國旅遊最普遍又經濟實惠的紀念品，回家可以黏在整面的冰箱或是牆上，數量多了後就很壯觀。瑞士各城市都有各自的風景磁鐵，還有乳牛、起士鍋及聖伯納犬等多種圖樣。

瑞士軍用包

在一次偶然的機會下，來自瑞士瓦萊州（Wallis）的設計師瓦特・莫雷（Walter Maurer）得知瑞士軍隊要淘汰毛毯、步槍的皮革吊繩、軍人的廢棄皮帶等材料，於是他便拿來設計成各式各樣的包包。由於回收環保概念，而且印有國旗圖樣的毛質包包相當有獨特性，推出之後居然頗受大家的喜愛，成為流行時尚的新寵。

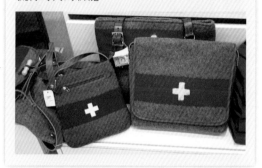

Kambly餅乾

成立於20世紀初期的品牌，在超市內都能看見它的蹤跡，深受瑞士家庭喜愛。相較於許多歐洲的餅乾都偏甜，Kambly餅乾的甜度適中，而且口感相當鬆軟，推薦Bretzeli的原味餅乾、Butterfly的杏仁片口味。

瑞士糖(Sugus)

由瑞士商人Philippe Suchard在西元1931年創立的品牌，各種水果風味的軟糖充滿嚼勁，深受大人及小朋友的喜愛。瑞士糖一包約5CHF，裡面有草莓、橘子、檸檬、和鳳梨等多種口味。可在Coop或Denner超市購買。

瑞士相關的鑰匙圈

鑰匙圈的款式多樣，包括乳牛圖樣、國旗吊環及瑞士刀等等。一個鑰匙圈的價位介於7～15CHF，平易近人的售價大家都買得起，不論是要自己留著當紀念品，或是買來當伴手禮都很適合。

羅氏草本護髮產品

Rausch這款草本系列產品，是由約瑟夫‧羅氏先生（Josef Wilhelm Rausch）於西元1890年所成立的品牌，所有的產品都是從天然的有機栽種物萃取製成，它植物性的純淨成分對於皮膚及頭髮具有保養的功效，尤其對於過敏膚質、抗頭皮屑、兒童等特別適用。平均價位200ml瓶裝約15CHF，一般藥妝店或Coop超市都有賣。

瑞士巧克力

瑞士巧克力聞名全球，口味及品牌繁多，如果在專賣店買可以試吃，不過單價稍微貴一點。一般像Migros及Coop超市都有販售多種品牌巧克力，可以買些小包裝的巧克力帶回台灣當作小禮物，金三角（Toblerone）與瑞士蓮（Lindt）是大家耳熟能詳的品牌。

如果想買一些特殊的口味，還有成立於1920年代的Chocolat Stella，它們家季節限定的抹茶巧克力很好吃，在貝林佐那（Bellinzona）火車站內設有門市。我滿推薦大家來這裡逛逛，包括糖尿病者能吃的無糖巧克力、添加燕麥的健康巧克力、有機巧克力等等。

土撥鼠油

這款Puralpina藥膏是土撥鼠油和阿爾卑斯山區的天然藥草所製成，具有放鬆肌肉、筋骨和保健關節等效用。紅蓋是熱感藥膏，適合肌肉及關節痠痛；藍蓋是清涼效果，能緩解韌帶拉傷或神經痛。100ml罐裝售價約25CHF。

Aloe Vera蘆薈凝膠

這款Migros超市賣的蘆薈凝膠，主要是曬太陽後對皮膚的修復功能，每次出門旅行容易曬整天的太陽，回家抹一下，皮膚頓時會感覺非常清爽舒適，對於平常輕微的燒燙傷也有舒緩的幫助。一條200ml約8CHF左右。

SIGG水壺

瑞士人Ferdinand Sigg於西元1908年成立公司，主要製造鋁製的家用產品，包括床架及水壺這兩大類商品。到了1980年代，首批有顏色的SIGG水壺問世，色彩鮮豔的花樣為原本單調的鋁製水壺注入流行的元素。SIGG水壺不僅外型好看，它以純鋁製造，瓶身輕巧且完全無縫隙，強調耐用及耐摔的品質，隨身攜帶出門非常方便。

✉ 各城市的紀念品店、機場
💲 平均1個約25CHF左右

木雕裝飾品

瑞士向來以木雕的工藝技術聞名，來到瑞士當然要買一下木雕的裝飾品，像木雕的乳牛就很常見。其他像木製托盤、湯勺之類的木製品，看起來都相當有質感，對於喜歡居家擺盤的人是不錯的選擇。木雕乳牛約10～20CHF（看大小），其餘約30～100CHF。

多功能抹布

成分為70%的人造絲及30%的棉，具有吸水性佳、容易乾等特性，許多瑞士人家裡的廚房或浴室都會使用這種抹布，Ricky每次回台灣時，很多親友都指定代購。由於輕便不占空間，買回家自用或送人都很適合。這種抹布有數種不同的品牌，照片中miobrill這款的品質比較好用。（一包3CHF）

必逛國民百貨Manor

雖瑞士除了shopping mall或outlet之外，Manor百貨公司也是值得逛街購物的好地方，它的據點不但遍布瑞士各城市，更是瑞士人平日採買居家用品、服飾的熱門店家，商品種類非常多元，非常好逛！

分區導覽

鐘錶珠寶區

除了鐘錶專賣店外，Manor也販售各種品牌的瑞士手錶，還有首飾及項鍊等精品。

廚具區

廚具區主要以廚房的烹飪器材為主，也可以找到各種廚房專用的小工具，精美漂亮又兼具實用功能。

餐具區

如果你是喜歡收藏餐盤杯組的人，那麼一定要來逛逛餐具區，琳瑯滿目的餐具會讓你眼睛為之一亮。

女性服飾&配件區

百貨公司裡最熱門的女性服飾區，從年輕到成熟的各類衣服，都能在此一網打盡，當然更少不了包包及其他配件。

男性服飾&配件區

Manor所賣的男性服飾，總是展現了當季的流行元素，來這邊逛逛同時也可以參考歐洲各年齡層的男性穿著方式。

3C產品區

雖然3C產品不是瑞士的強項，說不定很多東西還是亞洲品牌，不過有些特殊的電子產品是平常少見的。

Manor必逛必買

瑞士卡達彩色蠟筆

瑞士卡達彩色蠟筆（Caran D'ache），是世界上第一個製造自動鉛筆及鋼珠筆的廠商。成立於1924年，它的彩色蠟筆向來以細緻、豐富的顏色聞名，目前總共多達120種色系，包括藝術家畢卡索也是它的忠實客戶。30色鐵盒裝售價為62CHF，並有推出精緻版的木盒。

瑞康鍋（Kuhn Rikon）

成立於1819年，為瑞士知名的鍋具品牌，是世上第一個採用彈簧的閥門鍋具，1949年出產的壓力鍋深受歡迎，在全球各地狂售好幾百萬個，奠定它鍋具界的龍頭地位。壓力鍋在瑞士僅賣100CHF左右，折扣季時也經常會打折。

牛鈴（Kuhglocke）

在瑞士山區健行，山裡經常傳來叮叮咚咚的牛鈴聲。原本掛在牛脖子上的牛鈴，是農家們為了方便掌握牛隻的動態而掛上去的，如今成為熱門紀念商品之一。牛鈴的價位依大小而異，手掌般大的約18CHF。

SWATCH手錶

瑞士的手錶向來聞名全世界，不過像勞力士、天梭、百達翡麗、IWC等等都屬於高價位的品牌，可能需要多存點預算才買得起。造型亮麗的Swatch，雖然是塑膠腕錶，但是其色彩鮮豔明亮，設計風格也具有獨到的藝術特色，而且價位便宜，每個人都買得起。平均價位約65～90CHF。

樂高玩具（Lego）

能夠變化出多種玩法的樂高，透過遊戲啟發大腦思考，非常適合小朋友。憑Ricky多年來的觀察，Manor賣的樂高玩具售價比台灣更便宜，折扣季時甚至還會打到5折，非常划算。照片上一盒售價為23CHF。

如何退稅

SHOP TAX FREE

除非消費額度很高，否則不太需要煩惱退稅的問題。

退稅注意事項

有繳稅才有退稅

由於瑞士不屬歐盟國家，所以由歐盟國家（如法國、德國、義大利）進入瑞士時，可在邊境的海關退稅。具瑞士居留權的人或在瑞士唸書的學生，在進入瑞士時，也需繳交7.7%的商品稅給瑞士海關。因為各國海關之間都有電腦連線，千萬不要心存僥倖「只退稅，而沒申報」，若是被瑞士海關查獲的話，罰款將是商品稅值的兩倍。

蘇黎世無法退歐盟國家的稅

如果你是由蘇黎世搭機返台，因為蘇黎世機場沒有歐盟國家的海關，瑞士海關不會幫你在歐盟境內買的收據單蓋章，一定要在經過邊境的時候或是在義大利境內就在退稅單上蓋過章了，否則進入瑞士後就沒辦法在蘇黎世退稅。

回台灣辦理退稅

倘若你有其他原因來不及在離開瑞士前辦退稅，例如從其他歐洲國家飛台灣，可以在回到台灣後再去「瑞士駐台北經濟辦事處」補辦退稅。需要本人攜帶下列等文件，然後事先打電話(02)2720-1001，預約時間前往辦理。

- 護照
- 購買商品
- 退稅單跟收據
- 離開瑞士的交通證明

退稅方式

凡是在有標示Tax Free的商店單日消費滿300CHF以上，便可以申請退回7.7%商品加值稅。消費者必須在購物時向店家索取免稅申請

表格（ETS Cheque），於離境前在蘇黎世或是日內瓦機場辦理蓋章退稅，遊客可選擇當場領取現金或將金額退入信用卡帳單內。

搭火車離開瑞士，得在邊境的車站下車，拿退稅單給海關蓋章。比較重要的邊境車站包括，德瑞邊境的康士坦茨（Konstanz）、巴塞爾（Basel）；法瑞邊境的日內瓦（Genève）；瑞義邊境的多莫多索拉（Domodossola）、基亞索（Chiasso）。

如果你購買的數額較大，有可能會被要求出示所買的商品，所以不要放到託運行李裡，以備退稅時檢查用。有些大型的商店除了讓遊客享受退稅的便利，它們也提供當場扣稅的服務，在這種商店內，應退稅款已從你的購物款中扣除。但在離境前也必須在海關退稅處蓋章。

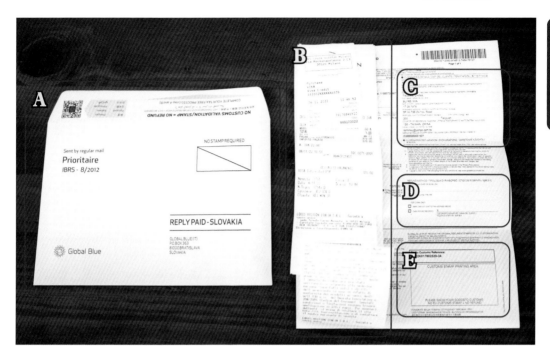

🄐 退稅的信封

右邊的資料確實填寫完成後，裝進信封裡面，不需要貼郵票，直接投進任何油桶即可。

🄑 購物收據

記得跟退稅單一起寄回去，如果有需要的人可先拍照存檔就好。

🄒 退稅人的資料和地址

很多店家會要求購物時刷的信用卡和退稅的人必須是同一位，所以個人資料包括姓名等，皆須填寫正確。

其實扣掉手續費後，退稅實際拿到的金額大約只有4～5％。除非你的消費額度很高，否則不太需要煩惱退稅的問題，因為退稅的金額並不多。

🄓 退稅方式

一定要勾選哪種退稅方式，如果退到信用卡，記得填寫卡號。

🄔 海關蓋章處

退稅單最重要的一件事，就是要給海關蓋章，證明你有離境，蓋完章之後，將退稅單裝進左側的信封，投遞到郵筒即可（通常海關辦公室內會有郵筒）。拿退稅單去給海關蓋章時，記得商品要一併帶著，因為他們會核對你購買的東西和退稅單是否符合，尤其是德國邊境的海關辦事很一板一眼，被抽查的機率很高。

至於在機場退現金的人，就全部一起拿給退稅的辦公室即可，退稅公司有Global Blue和Premier Tax Free，要找對的退稅公司櫃檯才能辦理。

玩樂篇
Sightseeing

瑞士，哪裡最好玩？

大家來瑞士旅遊，都是想欣賞湖光山色的自然景觀，

可是在眾多的景點當中，哪些是最值得造訪的呢？

本單元依熱門程度，以星級排序的方式將重要景點介紹給各位，

更企劃另類玩法，介紹水上、雪地等不同玩樂方式，讓你大呼過癮。

行程規畫

瑞士國土面積雖不大，不過若是要仔細地玩，一個月都不嫌多。

圖片提供／Lilian

有些人是利用出差或是開會的空檔順便旅遊，當天數沒有那麼多的情況下，要如何挑選重點觀光、飽覽瑞士呢？以下是幾個建議的行程，提供給大家參考。

自助行程安排Q&A

對於瑞士自助旅遊有任何疑問嗎？要如何安排瑞士的行程才恰當呢？以下是幾個常見的狀況，希望對大家有所幫助。

Q1

瑞士有冰河列車、黃金列車、葛達景觀列車、伯連納列車等各種不同的「景觀列車」。這些都沒有搭過，到底該搭哪一種景觀列車才好？這些景觀列車的風景真的特別漂亮嗎？

其實這些景觀列車只是裝有大片透明玻璃窗的火車，同樣的路線也有一般的普通火車可以搭，如果你只是單純想看風景，就不需要搭乘景觀列車，不但可以省下景觀列車的訂位費，且普通火車可以將車窗拉下來，對於喜歡拍照的朋友更方便。

Q2

持有Swiss Travel Pass可以搭火車前往義大利、法國、德國嗎？

持有Swiss Travel Pass可免費暢遊瑞士大多數的地方，若要搭火車前往鄰國，得付差價及訂位費。像日內瓦、巴塞爾城市已經位在邊境，從這些地區搭火車前往鄰國無法使用Swiss Travel Pass的優惠。要記住，Swiss Travel Pass的優惠僅限瑞士境內！

Q3

到瑞士不想要走馬看花，隨意看看幾個城市就離開，可是也不知道要待多久才夠深入。Ricky建議玩幾天才足夠呢？

這其實見仁見智，因為每個人的旅遊習慣不同，能請的假也有限，所以很難有一定的答案。不過既然是自助旅行，當然是玩得深入一點才能體驗到當地的風俗民情。我向來不太建議每天換住宿的「蜻蜓點水式」玩法，一來匆忙之間根本看不到什麼景點，二來會覺得很累。如果是瑞士單國的深度旅遊，我建議至少安排兩個星期左右！

Q4

瑞士何時&哪裡適合健行？

瑞士每年一直到4～5月都還有下雪的機會，所以要等到山區融雪、適合健行，大約是6、7、8這3個月。健行地點除了策馬特、少女峰等知名的山嶽之外，德語區、法語區、義語區各地都有不錯的健行路線。建議出發前先選定一個區，再去找健行路線，會比較有概念。

Q5

有什麼景點是非看不可、非玩不可的嗎？錯過絕對後悔？我要如何安排適合自己的旅遊行程？

常常很多人寫信給我，他們計畫來瑞士旅遊，希望我推薦哪裡是值得去的景點。因為每個人旅遊的目的不一樣，偏好的景色也不同，真的很難建議要去哪裡玩。通常我會建議各位先買一本旅遊書來看，或上網搜尋關於瑞士旅遊的部落格，看看哪裡是自己想去的地方，再來做旅遊規畫。

至於每天的行程安排，我覺得有個原則就是一天搭車的時數最好不要超過5個小時，不然一整天都耗費在火車上相當可惜。瑞士的面積不大，採取分區「定點住宿，放射性的玩法」，這樣既不會天天拉車，又能玩得有深度。

短天數(3～5天)

以少女峰為主：

蘇黎世→琉森→少女峰→蘇黎世

喜歡山區的旅客，由於旅遊的時間不長，所以選擇重點性的少女峰為主，可以住在少女峰山下的茵特拉根(Interlaken)、格林德瓦(Grindelwald)。

以蘇黎世為主：

蘇黎世→伯恩、琉森、巴塞爾

想要參訪城市的遊客，全程以蘇黎世為中心，到各鄰近城市一日遊(當天來回)，蘇黎世→伯恩、蘇黎世→琉森、蘇黎世→巴塞爾，單程都在1小時左右，非常適合當天往返。

▲ 蘇黎世火車站

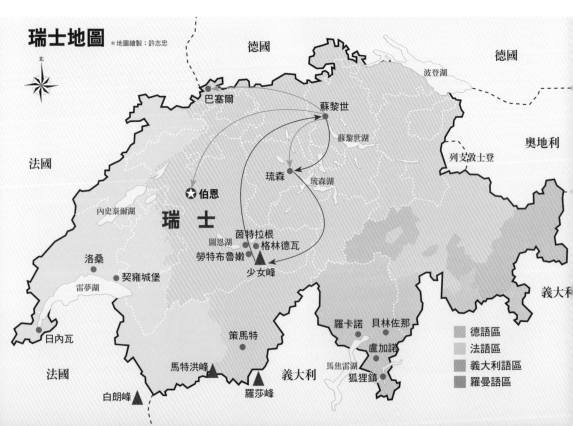

瑞士地圖 *地圖繪製：許志忠

德國

德國

北

波登湖

巴塞爾

蘇黎世

蘇黎世湖

奧地利

法國

列支敦士登

琉森

伯恩

琉森湖

瑞士

內史泰爾湖

茵特拉根

圖恩湖 格林德瓦

洛桑

勞特布魯嫩

契雍城堡

少女峰

雷夢湖

日內瓦

羅卡諾 貝林佐那

法國

策馬特

盧加諾

義大利

馬焦雷湖

馬特洪峰

狐狸鎮

白朗峰

羅莎峰

義大利

德語區
法語區
義大利語區
羅曼語區

玩樂篇

中天數(5～9天)

以少女峰為主：

蘇黎世→琉森→少女峰→伯恩→蘇黎世

　　琉森、少女峰及伯恩，這幾個地方算是瑞士最精華的觀光景點，如果旅遊天數只有1星期左右，不妨考慮這個行程。

▲ 琉森古色古香的街道

以義語區為主：

蘇黎世→琉森→義語區(貝林佐那+盧加諾+羅卡諾)→蘇黎世

　　想要看到不一樣的瑞士風情、體驗溫暖的陽光和悠閒的度假氛圍，那麼可以來趟充滿義式風味小鎮的義大利語區，欣賞瑞士的獨特景觀。

以法語區為主：

蘇黎世→伯恩→策馬特→法語區(洛桑+日內瓦)→蘇黎世

　　這個行程主要是拜訪聞名國際的策馬特山區，接著前往鄰近的法語區，感受法式的人文浪漫。

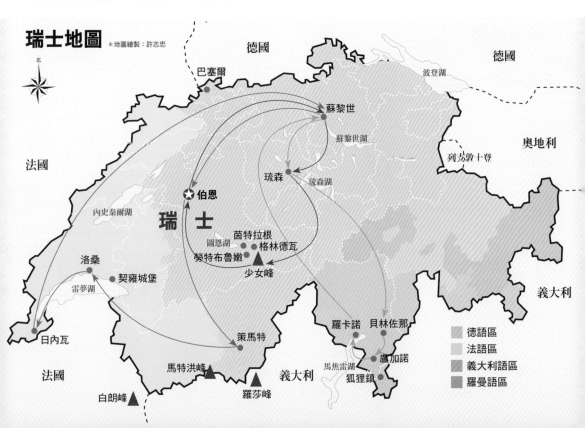

瑞士地圖 ＊地圖繪製：許志忠

德國

巴塞爾

德國

波登湖

蘇黎世

蘇黎世湖

列支敦士登

奧地利

琉森

琉森湖

法國

★伯恩

內史泰爾湖

瑞士

茵特拉根

圖恩湖

格林德瓦

榮特布魯嫩

少女峰

洛桑

契雍城堡

雷夢湖

義大利

日內瓦

策馬特

羅卡諾

貝林佐那

馬焦雷湖

盧加諾

狐狸鎮

法國

馬特洪峰

羅莎峰

義大利

白朗峰

德語區
法語區
義大利語區
羅曼語區

長天數(10天以上)

以10天為主：

蘇黎世→義語區(貝林佐那+羅卡諾)→策馬特→法語區(洛桑+蒙特勒)→蘇黎世

這個行程需要至少10天左右，以蘇黎世爲中心參觀完附近的景點後，直接搭車前往義大利語區。在義大利語區，建議以貝林佐那爲據點做放射性玩法，然後搭冰河列車路線前往策馬特，接著再前往法語區，最後返回蘇黎世。由於天數不多，所以每個點建議住宿2～3晚，這樣既能玩到每個語區，也不會玩得太累。

以14天為主：

蘇黎世→伯恩→少女峰→策馬特→義語區(貝林佐那+羅卡諾+盧加諾)→琉森→蘇黎世

如果你的時間足夠的話，就可以同時安排少女峰及策馬特這兩個重量級的景點，再前往義大利語區，享受棕櫚樹和陽光普照的度假氣氛，做個瑞士深度之旅，建議天數約14天左右。在格林德瓦、策馬特、義語區可安排各住3～4晚，這樣不需要頻繁打包行李換住宿，可以玩得更加悠閒。

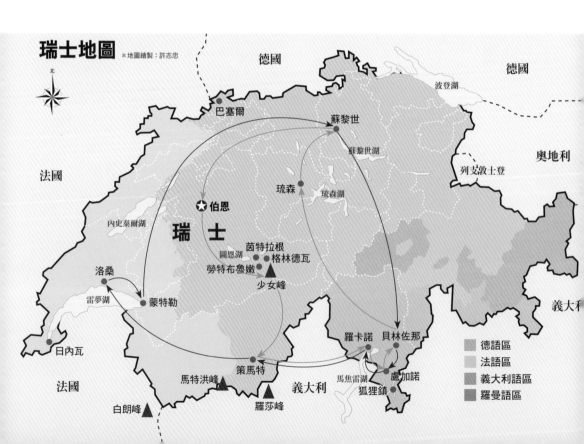

瑞士地圖 *地圖繪製：許志忠

少女峰區
Jungfrau Region

推薦指數★★★★★，阿爾卑斯山的禮讚。

照片提供／瑞士少女峰旅遊局

如果有人問哪裡是瑞士非去不可的旅遊景點，那答案一定就是「少女峰」。終年積雪的少女峰，是瑞士最經典的旅遊路線；不論是搭乘登山火車，造訪歐洲的最高的少女峰車站，或是漫步在童話故事的夢幻小鎮—格林德瓦，少女峰地區絕對美得讓你難以忘懷！

http www.jungfrau.ch

茵特拉根
Interlaken

$ 前往Harder Kulm的來回車票34CHF，持有Swiss Travel Pass享半價折扣／ ➡ 自蘇黎世中央車站或Luzern搭火車前往，約2小時

要前往少女峰的旅客，都一定得先抵達山下的茵特拉根，這裡可說是前往少女峰的門戶。茵特拉根位於圖恩湖（Thunersee）和布里恩茲湖（Brienzersee）中間，它字面上的意思便是指兩湖之間。從市區搭纜車到哈德昆（Harder Kulm）景觀台，能欣賞到前方壯觀的少女峰山群。

少女峰鐵道
Jungfrau Bahn

🕐 全年開放(除非是暴風雪的惡劣天氣)／ $ 持有Swiss Travel Pass享有優惠，持有半價卡享50%的優惠。自Interlaken Ost出發，來回全票為213.8CHF；持有Swiss Travel Pass為141.8CHF；持有Eurail Pass為160.6CHF；持有半價卡為106.9CHF／ ➡ 1.自Interlaken Ost搭火車到Grindelwald或Lauterbrunnen，轉車前往Kleine Scheidegg，再換乘少女峰鐵道前往少女峰站。2.自Grindelwald Terminal搭乘艾格快線(Eiger Express)到Figergletscher站，再換乘少女峰鐵道前往

1912年通車的少女峰鐵道，是人類史上偉大的登山工程之一，因為其中70%的路段是沿著冰河

▲ 茵特拉根市區

▲ 少女峰車站是歐洲海拔最高的車站

下方的花崗岩壁開鑿而成。海拔3,454公尺高的
少女峰車站，走出戶外便有終年不融的白雪，即
使是夏天也能踩在雪地上，還有冰宮、冰河景觀
台等設施值得體驗。上少女峰約需安排半天的時
間，如果想要悠閒一點，可以規畫一整天，下山
途中從冰海站（Eigergletscher）健行到小雪德格。

▲戶外的平台即使夏天也是終年積雪　　　　▲少女峰的冰宮

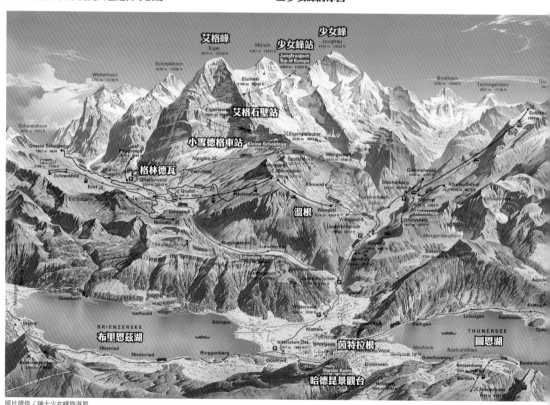

行家祕技　如何前往少女峰

少女峰鐵道是從小雪德格(Kleine Scheidegg)到少女峰車站，上山時中途會短暫停靠艾格石壁站約5分鐘，讓遊客下車拍照，之後才會抵達有「歐洲屋脊」之稱的少女峰火車站。持有Swiss Travel Pass的遊客，可免費搭乘至格林德瓦或溫根(Wengen)，之後的路段則可享有25%的折扣。

如果想省錢，5/1～10/31期間，遊客可以在少女峰區的各火車站購買早安票(Good Morning Ticket)，使用早安票的人必須最晚在09:45前從Eigergletscher搭車前往少女峰，並需於13:17自少女峰離開。

▲ 小雪德格車站

▲ 少女峰鐵道可直達山頂的景觀台 (照片提供 / 瑞士少女峰旅遊局)

行家祕技　歐陸最大的阿雷奇冰河

從少女峰延伸出來的阿雷奇冰河(Aletschgletscher)，是由3條冰河匯集而成，寬800公尺、長23公里，為阿爾卑斯山脈最大，被列為世界自然遺產。除了少女峰山頂的景觀台能觀賞到阿雷奇冰河之外，冰河列車沿線上的菲耶許(Fiesch)、莫雷(Mörel)小鎮，是另外兩處眺望冰河的熱門景點，分別能從不同的山頭將蜿蜒的冰河風光一覽無遺。

自菲耶許小鎮搭乘纜車前往2,869公尺高的艾格斯峰(Eggishorn)景觀台，在天氣晴朗的日子，能夠清楚地眺望遠方的少女峰群，堪稱是欣賞阿雷奇冰河最佳的景點。由於地球暖化，原本壯觀的冰河正逐年消退，只有海拔高於3,000公尺的冰河能倖存下來。所以阿雷奇冰河被科學家們列為保護的重要資產，也是研究氣象變化的重要依據。

▲ 少女峰景觀台上看出去的阿雷奇冰河

▲ 從艾格斯峰(Eggishorn)景觀台看冰河另一端的景觀

格林德瓦
Grindelwald

🅒 纜車運行期間4～10月底、11月底～4月初 / 💲 持前往First的來回纜車票原價32CHF，持有Swiss Travel Pass或半價卡享有50%的優惠 / ➡ 自Interlaken Ost搭車前往，車程約30分鐘

來到少女峰地區的旅客，通常不會錯過這個號稱世界上最美麗的村莊——格林德瓦。夏季的格林德瓦可見滿山青蔥脆綠的草地、一棟棟可愛的傳統木屋，簡直就是童話故事般的場景；到了冬天，整片山野覆蓋上如糖霜般的白雪，儼然成了最棒的雪上樂園。

格林德瓦最著名的景點，莫過於搭纜車到海拔2,184公尺高的費爾斯特（First）。依附山壁而建的天空步道（Cliff Walk）是2015年興建的設施，走在上面讓人覺得相當刺激，好天氣時能將前方的少女峰山群一覽無遺，是來格林德瓦必做的清單。

> 1.格林德瓦號稱是世界上最美的村莊 / 2.費爾斯特冬天的天空步道 / 3.如銀花般的瀑布是勞特布魯嫩的最大特色 / 4.穆倫

勞特布魯嫩
Lauterbrunnen

➡ 由Interlaken Ost搭車前往，車程約30分鐘

記得我第一次來到勞特布魯嫩時，就留下非常深刻的印象。整個村莊的規模不大，卻被冰河侵蝕而形成壯觀的U型峽谷，地勢高低落差而形成許多瀑布，所以又被稱為「瀑布鎮」。建議春天到秋天之間前來，冬天水量較少，感覺差很多。

穆倫
Mürren

➡ 由Lauterbrunnen搭車前往，車程約23分鐘

穆倫位於海拔1,638公尺高的山上，可近距離體驗到少女峰山群的震撼感。在風光明媚的夏天，搭乘纜車上山有多條健行路線可以選擇，到了冰雪覆蓋的冬季，轉眼間成為熱門的滑雪場所，任何季節都很漂亮。最重要的是持有瑞士交通券或是日票（Day Pass）能免費搭車前來，非常划算。

溫根
Wengen

➡ **1.**自Interlaken搭火車到Lauterbrunnen，再換乘前往Kleine Scheidegg的火車，在Wengen站下車，車程約46分鐘。**2.**自Grindelwald搭火車到Zweil tschinen，再換乘火車到Lauterbrunnen，然後再轉車前往Wengen，車程約1小時

　　海拔1,274公尺高的溫根，位於瀑布鎮U型峽谷的上方，19世紀時被英國著名的作家造訪後，吸引大批英國遊客前來朝聖，旅館及滑雪俱樂部相繼成立。雖然這個村莊的人口僅有1千多人，但由於地理條件的優勢和讓人嘆為觀止的景色，順勢成為少女峰地區的著名滑雪勝地。每年冬季舉辦的阿爾卑斯山滑雪競賽，是溫根的年度盛會。

藍湖
Blausee

[http] www.blausee.ch / ⏰ 每天09:00～21:00 / $ 10CHF / ➡ 自Spiez搭火車到Frutigen，再轉搭230號公車到Blausee BE站下車，公車站旁就是入園的停車場

　　周圍被杉林所環繞的藍湖，最吸引人之處在於乾淨透徹的湖水，可以清楚地以肉眼看見湖裡的樹幹及石塊，和優游在水中的鱒魚。而且在光線和角度的變化下，湖水也會呈現不同的色澤，彷彿如翡翠般的晶瑩剔透。正由於藍湖的水質夠好，成為天然的鱒魚養殖場。大家若有機會來訪，不妨來品嘗一下美味的鱒魚料理！

很好吃的鱒魚排；不建議點整條魚，會挑刺挑到很厭世

歐士能湖
Oeschinensee

🕐 每天08:30～17:00(6月中～9月中08:30～18:00) / 💲 來回纜車票30CHF，持有Swiss Travel Pass或半價卡享有50%的優惠 / ➡️ 搭火車到Kandersteg車站，再步行約30分鐘到纜車站(Gondelbahn Oeschinensee)，每年10月下旬～12月底纜車停駛。從纜車站走到湖邊約20分鐘，夏季時有接駁車往返山上的纜車站和湖泊之間，成人單趟8CHF，兒童5CHF

　　歐士能湖位於距離藍湖不遠的歐士能山谷(Oeschinen Valley)裡，是海拔1,560公尺的高山湖泊，湖的最深處達56公尺。其水源來自周圍高山融化的雪水和地下泉水，因此湖水非常清澈。如寶石般的碧藍色湖水，和周圍覆著白雪山頭相互輝映下，簡直就是隱藏於山中的桃花源。

玩樂篇

策馬特
Zermatt

推薦指數★★★★★，多采多姿的山城。

過去幾個世紀以來，策馬特都是登山者挑戰的目標。夏季多采多姿的戶外運動及冬天的雪上活動，吸引大批遊客前來造訪。由於觀光客絡繹不絕，今日策馬特成為炙手可熱的度假勝地，尤其是三角形的馬特洪峰，儼然是瑞士著名的地標之一。

http www.zermatt.ch

策馬特市區

　　為了維護山區的自然環境，策馬特市區裡禁止普通汽車通行，要前往策馬特的旅客只能搭火車前往。策馬特的市區不大，多數的景點都能步行抵達，不然也可以搭乘電動計程車或是馬車，是相當特殊的體驗。

1.班霍夫大道是策馬特市區的主街／2.策馬特市區的老教堂Pfarrkirche St. Mauritius／3.由於策馬特市區禁止汽車通行，只能有不會汙染的電動車／4.策馬特一年四季都是觀光的旺季／5.策馬特市區裡的馬車

馬特洪峰的黃金日出

來到策馬特有幾項必做的清單，其中之一就是欣賞馬特洪峰的黃金日出。策馬特市區看日出最方便的地點，就在墓園旁邊的那座橋上。自火車站前沿著班霍夫大道（Bahnhofstrasse）直走到教堂，旁邊的那條路轉進去就到了。以6月底～7月初為例，這是全年日出最早的時刻，大約落在早上05:30左右，之後時間會慢慢往後延。

時間一到，馬特洪峰的頂端露出一抹橘黃，日出便在眾人的驚嘆聲中揭開序幕，相信任何人看到如此美景，內心都有無限的滿足及感動。如果住在葛內拉特（Gornergrat）山上的3100 Kulm Hotel，因為海拔較高，要留意日出時間會比較早，以免錯過第一道曙光。

貼心 小提醒

先在市區逗留，以免高山症反應

如果打算住在山上的3100 Kulm Hotel，Ricky建議大家先在策馬特市區住1～2晚。因為若一抵達策馬特之後就直奔山上，很容易會有高山症反應。上山之後，萬一真的不舒服，立即坐下來休息，多喝溫熱水，放慢移動的速度。通常下山後症狀就好了。

1.策馬特市區的墓園／2.在橋上等待日出的遊客／3.日出陽光灑在馬特洪峰的金黃景觀／4.利菲爾湖（Riffelsee)可以看見馬特洪峰的倒影

傳統木屋 le Mazot

以黑落松木所建造的木屋,是瓦萊州(Valais)的傳統建築,當地人稱為馬叟(le Mazot),在策馬特市區保留整區的傳統木屋。由於這些木屋原本是用於囤積糧食或飼養家畜,很容易引來老鼠,因此木屋和底端支柱的椿腳之間,會墊一層扁圓狀的石塊,目的是防止老鼠溜進穀倉偷吃食物,形成特殊的建築結構。

山羊遊街 Goats' Tour

每年夏季為期7週,策馬特的牧童早上會帶著羊群上山吃草,傍晚又領著羊群下山回家,途中浩浩蕩蕩地行經策馬特的班霍夫大街,充滿阿爾卑斯山區的傳統風味,隊伍頓時成為眾人目光的焦點。這些黑脖羊(Blackneck Goat)也是當地的特色,身體包括頭在內的前半部為黑色,後半部為純白色。尤其每隻羊的身上都掛著鈴鐺,叮叮噹噹的聲響隨著牧童的腳步傳遍整個市區,形成非常有趣的景象。

尋找黑面羊

這種黑面綿羊(Walliser Schwarznasenschaf)是瑞士瓦萊州(Valais)的特產,當地人說的德文譯名為黑鼻綿羊,但是除了鼻子之外,它們其實整張臉幾乎都像黑炭一樣黑,尤其在白色長毛的對比之下,看起來好像是沒有臉的感覺。在超級白色捲毛的覆蓋下,形成有趣的對比。

在夏季的時候,農場會帶著黑面羊上山放牧,通常在利菲爾湖附近都能看到。萬一找不到也不用焦慮,羊身上都有GPS定位系統,大家只要上網查詢,就能循著導航找到黑面羊的蹤跡。

如果冬天來到策馬特,無法在山上巧遇黑面羊怎麼辦?沒關係,養殖黑面羊的Julen農場提供參觀羊舍的行程。從冬季到6月前的每週三,都能前往農場參觀並抱著黑面羊合照(詳見P.214)。

http www.julen.ch/en,GPS導航查詢:sheep.gorner-grat.ch/en/map / 冬季每週三17:00在Hotel Julen大廳集合 / 9歲以下免費,9~未滿16歲10CHF,16歲以上20CHF

1.傳統木屋 / 2.山羊遊街 / 3.尋找黑面羊

福克斯麵包店 (Backerei Fuchs)

於西元1965年開業的福克斯麵包店，是策馬特地區非常知名的一家老字號糕餅店，店內的產品強調以天然的原料及純手工製造，而深受許多人青睞。

招牌產品首推「登山嚮導麵包」(Bergführerbrot)，因為來到策馬特的旅客，有許多是登山客，沿途所攝取的食物須能適時補充體能，於是這家店研發出這款糕餅，採用新鮮的蘋果、葡萄乾、杏仁及肉桂等製成，不但口味清香也非常營養，成為登山客的最愛，更獲瑞士當地媒體爭相介紹！

此外，店裡還販售各種蛋糕、三明治、手工餅乾及麵包等。Ricky推薦馬特洪峰造型的巧克力及黑面羊餅乾，不但好吃又結合當地特色，想要買伴手禮的人，不妨來這裡逛逛。

---

http www.fuchs-zermatt.ch / ✉ Getwingstrasse 24, Zermatt / 🄲 07:30～19:00 / ➡ 從策馬特火車站走往葛內拉特纜車站旁邊的巷子，沿著鐵道直走約5分鐘 / ℹ 策馬特市區有3家分店，建議大家前往Getwingstrasse街上的這間店，店裡有舒適的座位

1.福克斯麵包店外觀 / 2.馬特洪峰造型巧克力（大的9CHF、小的3.8CHF）/ 3.登山嚮導麵包(Bergführerbrot)

玩樂篇

葛內拉特
Gornergrat

http www.gornergratbahn.ch / ⏰ 全年07:00～19:24(維修期間停駛) / 💲 成人(夏季－來回票126CHF、冬季－來回票88CHF)，6～16歲兒童半價、6歲以下免費，成人持有Swiss Travel Pass或半價卡享有50%的優惠 / ➡ 自策馬特火車站對面的Zermatt GGB車站前往，車程約38分鐘 / ℹ 建議上山時要坐在列車行進方向的右側，能欣賞到馬特洪峰的景色

　　策馬特地區有3條登山路線，其中最受歡迎的就屬葛內拉特登山鐵道(Gornergrat Bahn)。第一個原因，在火車駛往山頂途中，坐在右邊的位置沿途能不斷地欣賞到馬特洪峰的美景，而且從這個角度看馬特洪峰最經典。

　　第二個原因，葛內拉特登山鐵道就在策馬特火車站的對面，地點是3條登山路線中最方便的，從海拔1,604公尺高的策馬特到3,089公尺高的葛內拉特，僅需38分鐘。從葛內拉特山頂，可以將羅莎峰等29座超過4,000公尺高的山嶽及多條冰河盡收眼底，壯麗的景色會讓你嘆為觀止。

小馬特洪峰
Klein Matterhorn

http www.matterhornparadise.ch / ⏰ Furi→Schwarzsee(5～6月底關閉)、Schwarzsee→Trockener Steg(5～6月底關閉)，每年開放的日期會略微調整，出發前請先查詢官網 / 💲 成人(夏季－來回票120CHF、單程票78CHF；冬季－來回票95CHF、單程票62CHF)，持有家庭證的16歲以下兒童免費，成人持有Swiss Travel Pass或半價卡享有50%的優惠；冰河宮殿(Glacier palace)8CHF / ➡ 從策馬特火車站沿著班霍夫大道的方向，步行約20分鐘即達纜車站

　　小馬特洪峰路線又稱為冰川天堂，是策馬特著名的滑雪場，即使夏天也能夠滑雪。這裡是離馬特洪峰的最近距離，遊客能搭纜車抵達海拔高達3,800公尺的山上。如果時間足夠，不妨去黑湖(Schwarzsee)看看馬特洪峰的倒影，山上的冰川天堂及冰河宮殿內的冰雕展覽，同樣值得造訪。

1.葛內拉特山頂的Kulmhotel 3100(左頁下圖) / 2.前往葛內拉特景觀台的纜車站 / 3.開往葛內拉特景觀台的登山纜車 / 4.小馬特洪峰上的景觀台 / 5.前往小馬特洪峰的指示牌 / 6.前往小馬特洪峰的纜車

2

4

3

5

6

羅特洪峰天堂
Rothorn Paradise

http www.matterhornparadise.ch / ⏰ Zermatt→Sun-negga(4月底～5月底關閉)、Sunnegga→Blauherd→Rothorn Para dise(4月底～7月初、10～11月底關閉)，每年開放的日期會略微調整，出發前請先查詢官網 / 💲 成人(夏季－來回票81.5CHF、單程票53CHF)，持有家庭證的16歲以下兒童免費，成人持有Swiss Travel Pass或半價卡享有50%的優惠；冰河宮殿(Glacier palace)8CHF / ➡ 從策馬特火車站步行約10分鐘，便抵達Sunnegga纜車站

由於這路線的地勢比較沒有那麼險峻，又有充足的陽光，因此被命名為桑內嘉(Sunnegga)，意指陽光普照的角落。自桑內嘉可以再轉搭纜車前往布勞赫德(Blauherd)，或到更高處的羅特洪峰天堂(Rothorn Paradise)。這條路線最熱門的活動就是五湖健行，路線為Blauherd→Stellisee→Grindjisee→Grünsee→Moosjisee→Leisee→Sunnegga，遊客自布勞赫德一路走到桑內嘉，從每個湖來欣賞馬特洪峰的倒影。沿途中馬特洪峰就會在你的正前方，有時還能遇見從草地裡探頭的土撥鼠！

1.往桑內嘉的纜車 / 2.Moosjisee的湖水因含有礦物質，而非透明清澈的顏色 / 3.五湖中的Leisee

Riffelberg-Express

計畫來策馬特健行的人，基本上一天安排一條纜車路線差不多。如果想在同一天造訪葛內拉特和小馬特洪峰兩條路線，因為這兩處纜車站的距離很遠，如果下山回策馬特市區，再走去另一個纜車站搭車上山，至少會多花1～2個小時的時間。

不過每年12月～4月底的滑雪季、暑假的7月～8月中，從葛內拉特路線的Riffelberg能直接搭纜車到Furi，這是連繫兩條登山路線的捷徑。在這期間來到策馬特的話，不妨這樣安排比較快。

策馬特地區也推出這條路線Peak2Peak的套票，遊客能從兩個車站中的任一站出發，下山時搭乘Riffelberg-Express上去另一座山，參觀完後直接下山。這樣一天的票價是夏季197CHF、冬季146CHF。

玩樂篇

拍攝馬特洪峰的 10 大經典位置

來到策馬特，大家都是要一睹馬特洪峰的風采。究竟什麼地方是拍攝馬特洪峰的最好地點？哪個季節是怎樣的景觀呢？Ricky幫大家整理拍攝馬特洪峰的經典角度，這些照片都是這幾年來我親自造訪拍攝，並註明拍攝的時間讓大家參考，這樣每個人在出門前可以事先規畫，希望都能拍到心滿意足的照片回家。**請注意** 下午拍馬特洪峰是大逆光！

2 前往Sunnegga的纜車站旁邊

拍攝時間：6月底中午

Ricky個人很喜歡這個位置，因為能將馬特洪峰和前往葛內拉特的列車同時拍入鏡，跟單純拍攝山有不同的風情。而且這裡離火車站距離約5分鐘的腳程，不像在墓園旁邊的橋上人擠人，是很不錯的拍攝點。

1 墓園旁邊的橋上

拍攝時間：6月底早上05:37

這個地點走路幾分鐘就能抵達，住在策馬特市區的人來這裡看黃金日出非常方便。夏天6月底的日出時間，大約在早上05:30～05:35左右開始，7月之後時間會逐漸延後，冬天12月底時則接近08:00才日出。由於這裡的人潮多，有些旅行團甚至會整團帶來看日出，所以最好在05:30前就來卡位比較保險。當大家看到馬特洪峰變色的那瞬間，一群人不約而同地發出「哇～」的驚嘆聲，現場的氣氛還挺讚！

3 Hotel Schönegg

拍攝時間：8月中早上

如果預算夠的人，Ricky推薦來住Hotel Schönegg這間旅館，這裡地勢比較高，可以將馬特洪峰和策馬特市區的房屋一起入鏡，拍起來有對比的感覺，更能感受到馬特洪峰的壯觀氣勢。

4 Chez Vrony餐廳

拍攝時間：8月中中午

記得我第一次來這家米其林推薦的餐廳時，是因為下山時從Sunnegga回策馬特的纜車票不見了，當時就想說「好吧！既然天意如此，我就健行下山回策馬特」。沒想到，沿途不但風景漂亮，還意外地發現這家餐廳，真是塞翁失馬，焉知非福！

5 五湖健行步道之 Stellisee

拍攝時間：8月中早上

Stellisee是五湖健行步道中海拔最高的湖，在這5座湖當中，我覺得最美的就是這座，能夠看見馬特洪峰的倒影，湖的周邊也沒有太多的干擾物。如果時間不夠走完五湖，選這裡就好了。

6 Riffelalp健行步道

拍攝時間：7月初下午13:00

這個角度拍攝馬特洪峰非常經典，許多關於馬特洪峰和葛內拉特鐵道票卡的宣傳照片，就是在這裡拍攝的。雖然這個位置在鐵道旁邊，但是大家千萬別抄捷徑沿著鐵道走，非常危險。在Riffelalp站下車後，從車站後方的健行步道走約15～20分鐘就能抵達。

7 利菲爾湖Riffelsee

拍攝時間：10月中中午

葛內拉特鐵道沿線的利菲爾湖，從羅登波登(Rotenboden)車站走到湖邊只需要5分鐘，是最熱門的拍攝點之一。經常看到旅行團一團接著一團，連拍照都得排隊，足可見熱門程度。

貼心 小提醒

拍攝湖面倒影請注意

要特地提醒大家一點，要拍馬特洪峰在湖面的倒影有幾個條件，第一需要天氣好，第二沒有風。如果風勢太強，湖面會起漣漪，就拍不出絕美的倒影。而且每年6月中～10月中才能拍到，其他月分不是雪還沒融化，就是處於結冰的狀態。

在這季節之外的月分，看到步道有積雪時千萬不要冒險走到湖邊。2023年2月底，才發生台灣人在這附近摔死的新聞，請大家要注意安全。

9 葛內拉特Gornergrat

拍攝時間：1月初早上08:00

葛內拉特纜車上山途中，右邊的座位可飽覽馬特洪峰的景觀，論CP值，這條登山鐵道絕對是最高。如果你在策馬特停留的時間有限，這條登山鐵道一定是首選。走到3100 Kulm Hotel後方的景觀台，還能將旅館和馬特洪峰一起拍攝入鏡。

8 利菲爾湖附近的小湖

拍攝時間：7月初中午

我向來不喜歡人多的景點，尤其這幾年來利菲爾湖實在非常熱門，夏天早上的觀光潮多到讓人很傻眼。但是從利菲爾湖往利菲爾堡(Riffelberg)，健行大約不到1個小時的腳程，這段路並不難走，途中走10分鐘左右就會經過這座湖，建議大家可以來走走看！

10 Mürini街

拍攝時間：1月下午17:30

在所有的地點中，我覺得這裡是排名第一名。從策馬特市區走往Mürını，沿著階梯走到底就是這個拍攝點(約20分鐘)。雖然走上來這裡有點辛苦，但是可以將整個策馬特的房屋一起拍攝入鏡，尤其冬天被白雪覆蓋的模樣，真的非常夢幻。

琉森
Luzern

推薦指數★★★★，古典優雅的浪漫城市。

來瑞士旅遊，幾乎都不會錯過琉森這個重量級景點。這裡有波光粼粼的湖泊、青翠蔥鬱的山巒、古色古香的老街，更相傳是瑞士的發源地。歷年來有許多文學家及藝術家慕名前來造訪，如尼采、馬克吐溫、拜倫等文學大師。

http www.luzern.com

文化會議中心
KKL Luzern

➡火車站步行前往，約1分鐘(出火車站右手邊的建築)

於2000年開幕的KKL文化會議中心，坐落於琉森火車站旁，由法國名建築師尚‧努維(Jean Novel)所設計，為琉森著名的地標。玻璃帷幕的外觀，流露著前衛新潮的設計感。內部有音樂廳、美術館、會議廳，可容納1,800人，是世界上屬一屬二的會議中心。

耶穌會教堂
Jesuitenkirche

🕐全年開放 / ➡從火車站步行前往，約5分鐘

於西元1666～1677年間興建的耶穌會教堂，其外觀最大的特色是洋蔥雙塔的造型，是瑞士相當著名的巴洛克式教堂。教堂的天花板是金碧輝煌的彩繪圖畫，大理石柱上絢麗奪目的裝飾和鍍金的橫梁讓人讚嘆不已。

玩樂篇

卡貝爾橋
Kapellbrücke

▶ 從火車站步行前往，約5分鐘

始建於14世紀的卡貝爾橋，是琉森最熱門的景點，為歐洲現存最古老的人行木橋。不過1993年的一場大火，燒毀整座橋梁和橋上大部分的畫作，目前的橋是按原貌重建的模樣。橋上屋簷底下的圖畫，描繪瑞士的歷史和中古世紀的生活情況，非常值得欣賞。

獅子紀念碑
Löwendenkmal

🕐全年開放 / ▶ 從火車站步行前往，約20分鐘；或搭乘1號公車在Löwenplatz站下車 / ℹ️公園內有廁所

紀念碑是為了紀念法國大革命時期，在巴黎保衛法國國王路易十六和瑪麗・安東妮王妃而全數

犧牲的瑞士傭兵。從山壁中雕刻而成的石獅子，唯妙唯肖倒地垂死模樣，象徵著戰士們奮不顧身、視死如歸的精神。著名小說家馬克吐溫曾形容這座獅子是「世界上最感人肺腑的紀念碑」。

舊城區
Altstadt

▶ 從火車站步行前往，約5分鐘

位於卡貝爾橋和城牆之間的舊城區，保存著歷史悠久的中世紀老屋，房屋外牆畫著精美的壁畫，描繪著中世紀的生活場景和故事。曾經是漁市場的葡萄酒廣場（Weinmarkt），當年是瑞士最早3個州宣示結盟的地點，象徵著瑞士的起源，格外具有歷史性的意義。

1.夏季的卡貝爾橋上掛滿了花卉 / 2.沉睡的獅子是琉森最重要的地標 / 3.雄鹿廣場(Hirschenplatz)週邊很多精美的中世紀古屋 / 4.Pfistern餐廳外牆的壁畫

冰河公園
Gletschergarten

http gletschergarten.ch / ⏰ 全夏季09:00～18:00，冬季 10:00～17:00 / 💲15CHF，持有Swiss Travel Pass免費 / ➡️ 從火車站步行前往，約20分鐘；或搭乘1號公車在Löwenplatz站下車

於西元1872年被發掘出土的冰河公園，展示冰壺和冰川侵蝕的遺跡，是琉森在數萬年前被冰河所覆蓋的最佳證據。當地為了防止這些冰河遺跡受到天氣和雨水的破壞，因此在其上方加蓋帳篷式的屋頂，確保能夠將最原始的一面呈現在遊客眼前。

斯普洛伊橋
Spreuerbrücke

➡️ 從火車站步行前往，約10分鐘

這座木橋的德文意思為穀殼、糠糠，最早興建於1408年，由於當時允許人們從這裡把廢棄的糟糠丟進河流，因而得名。雖然它的知名度不如卡貝爾橋，但是它也是琉森非常重要的一座橋。橋上屋梁下懸掛著畫作，是由琉森本地的畫家卡斯琶・梅葛林格（Kaspar Meglinger），描繪人們遭逢黑死病的情景，被稱為「死亡之舞」。

穆賽格城牆
Museggmauer

➡️ 4～10月底每天08:00～19:00

位於山坡上的穆賽格城牆和9座鐘塔，環繞著琉森的舊城區，自13世紀興建以來便守護著城市的安全，是目前瑞士保存最好的城牆之一。高31公尺的Zyt塔樓，當初建造是為了讓漁民從琉森湖就能看見，所以鐘面特別大，它也比市區其他的鐘早響一分鐘。

1.冰河公園內侵蝕的遺跡(照片提供／Lilian) / 2.斯普洛伊橋也是一座中古世紀的木橋 / 3.古城牆9個塔之中的Zyt塔樓

庫馳城堡旅館
Hotel Château Gütsch

http www.chateau-guetsch.ch / $ 持有Swiss Travel Pass免費，自己按鈕搭纜車上山即可 / ➡ 搭乘2、5號公車到Gütsch站，再轉搭纜車上山

坐落於琉森半山腰的庫馳城堡旅館，是從高處眺望整個城市及琉森湖的最佳位置。這棟房屋由建築師艾米·沃格（Emil Vogt）於西元1888年所建造，設計的靈感來源則是模仿德國新天鵝堡的樣式，來打造一棟如童話故事般的私人宅邸。從市區的河畔，便能看見遠方白色醒目的外觀及尖塔造型，猶如小城堡般地矗立於山坡上。

皮拉圖斯山
Mt. Pilatus

近郊景點

http www.pilatus.ch / ⏰ 每年5～11月(每30～40分鐘有一班車，營運時間會依月分而調整，出發前請先查詢官網) / $ 金色環遊111.6CHF，持有Swiss Travel Pass或半價卡享有50%的優惠 / ➡ 金色環遊：自Luzern搭火車或渡輪到Alpnachstad，再轉搭登山齒軌車。下山的時候，可以由另一邊的Fräkmüntegg→Krienseregg搭纜車到山腳下的Kriens，再轉搭1號公車回琉森市區

海拔2,132公尺高的皮拉圖斯山，自古以來便在民間流傳著許多傳奇故事，包括噴火龍的傳說、山中的巨人，以及羅馬統治者的長眠之地等。19世紀末期，開始有登山鐵道搭載旅客前往皮拉圖斯山頂。

這段齒軌列車最特別之處，就是行駛上山的傾斜度高達48%，是世界上最陡峭的鐵道。來到山頂的遊客們，可以從另一端搭乘懸吊式纜車回到克林斯（Kriens），再返回琉森，這便是皮拉圖斯山著名的金色環遊。

1.從庫馳城堡旅館眺望琉森市區的景觀 / 2.庫馳城堡旅館仿新天鵝堡的外型 / 3.皮拉圖斯山上的景觀台 / 4.坐在山上曬太陽的民眾 / 5.駛往皮拉圖斯山頂的纜車

鐵力士山
Mt. Titlis

近郊景點

http www.titlis.ch / 全年開放(遇維修或天氣狀況不佳時會停駛,出發前請先查詢官網) / Engelberg→Titlis來回纜車票(成人96CHF、6～15歲兒童48CHF),持有Swiss Travel Pass或半價卡享有50%的優惠;吊橋免費;Ice Flyer12CHF,持有半價卡無折扣 / 自Luzern搭火車到Engelberg,步行約10分鐘便能抵達登山的纜車站

海拔3,239公尺高的鐵力士山,是瑞士中部最高的眺望點,風景格外壯麗。其中從Stand到Titlis這一段的Rotair纜車,是全世界唯一的空中旋轉式纜車;在緩緩地向山頭攀升的同時,纜車本身也會360度旋轉,讓遊客從不同的角度欣賞到皓皓白雪的阿爾卑斯山群。光是每天排隊等纜車的眾多人潮,就能看出這裡的熱門程度。

利基山
Mt. Rigi

近郊景點

http www.rigi.ch / 全年開放 / 持有Swiss Travel Pass免費 / 1.自Luzern搭火車到Arth-Goldau,再轉搭登山列車前往Rigi Kulm。2.自Luzern搭船到Vitznau,再轉搭登山火車前往Rigi Kulm

有「群山之后」之稱的利基山,持有瑞士交通券可以免費上山,光是這一點就值得好好利用。從山頂上能飽覽被冰河侵蝕而形成的琉森湖景致,並遠眺壯觀的阿爾卑斯山;不論任何季節,山上經常是雲霧飄渺,如棉花般的雲霧籠罩在群山之間,猶如仙境一般。山上的Rigi Kulm Hotel旅館已有200年歷史,供應露天咖啡廳及美味的餐點,可以在此休憩片刻、享受旖旎風光。

1.橫越兩座山頭的吊橋,是近年來山上的新設施 / 2.前往鐵力士山的旋轉纜車 / 3.鐵力士山上的冰宮 / 4.前往利基山的纜車 / 5.冬天的利基山景觀

石丹峰
Stanserhorn

 近郊景點

http www.stanserhorn.ch / ⏰ 4月中～11月中 / 💲 成人74CHF，16歲以下跟父母同行的兒童18.5CHF，持有Swiss Travel Pass或半價卡享有50%的優惠 / ➡ 自Luzern搭火車到Stans，步行約5分鐘便能抵達纜車站。從纜車站每小時的半點及整點會有一班車前往山頂，夏天的旺季會增加班次

搭乘屋頂開放式的Cabrio雙層纜車前往石丹峰，猶如置身於敞篷跑車一般，營造出讓人驚豔的效果。在沒有任何玻璃窗的阻擋下，秀麗的山水風光完整地呈現於大家的眼前，因而成為琉森附近很夯的景點之一。石丹峰的山頂上，有一間供應瑞士傳統菜肴的旋轉餐廳。

1.前往石丹峰的車站 / 2.沒有屋頂遮蔽的敞篷纜車 / 3.世界最陡的滾筒纜車 / 4.從Fronalpstock能欣賞絕佳的琉森湖景觀

Stoosbahnen
世界最陡的滾筒纜車

 近郊景點

http www.stoos.ch / ⏰ 全年行駛(維修期間不營運，請先查詢官網) / 💲 成人22CHF，持有Swiss Travel Pass免費，半價卡享有50%的優惠 / ➡ 搭火車到Schwyz車站，轉搭前往Muotathal Hölloch的1號公車，在Schwyz Stoosbahn站下車，公車車程約22分鐘

從施維茲(Schwyz)前往史豆斯(Stoos)的登山纜車，於2017年開啟營運，其坡度高達110%，是目前世界上最陡的纜車。新穎前衛的纜車車廂，設計成4個圓筒形狀，在上坡途中會依照坡度而自動調整水平。也就是說原本橫向的直筒纜車，行駛到垂直的峭壁上時會旋轉成為直立的車廂。

這樣的設計讓乘坐在裡面的旅客能保持平衡的狀態，不會因為坡度而覺得傾斜。從史豆斯村莊還能轉搭纜車前往海拔1,922公尺高的Fronalpstock，從高處眺望琉森湖的景觀。

伯恩
Bern

推薦指數★★★★，精巧可愛的首都。

遊 走在伯恩街頭，精美的拱廊、騎樓下的小店鋪、路面的電車，總是帶給旅人無限的驚豔。即使隨意地在市區漫步，中古世紀的街道、古意盎然的房舍，處處散發悠閒自在的氛圍，讓你完全感覺不到這是個首都城市。

http www.bern.com

鐘樓
Zeitglockenturm

➡️ 從火車站步行前往，約10分鐘

這個鐘樓原本是西城門的一部分，目前大家所看到的外觀是15世紀火災之後重建的模樣。鐘塔上有一組多功能的天文鐘，除了顯示時間、季節、星象之外，每逢整點前5分鐘左右，會有精采的玩偶報時秀。

舊城區
Altstadt

➡️ 從火車站步行前往，約10分鐘

被列為世界遺產的舊城區，從火車站一直延伸到玫瑰花園之間，這處被阿雷河環繞的半島地形全是舊城區的範圍。路上鑲嵌著一塊塊石板，每走個三五步就有一處噴泉；傳統的房屋建築和摩登新穎的店家，交織成一幅美輪美奐的市容，如果來到伯恩不知道去參觀哪些景點，那麼逛逛舊城區就很值得。

國會大廈
Bundeshaus

🕐 週一～五09:00～11:00、14:00～16:00 / 💲 成人6CHF / ➡ 從火車站步行前往，約10分鐘

　　矗立在阿雷河畔的國會大廈是一棟不可錯過的美麗建築，高挑的梁柱和綠色的圓頂外觀，流露出中世紀文藝復興時期的風格。遊客們可以參加免費的導覽團，入內參觀。前方的空地是聯邦廣場（Bundeplatz），廣場的地面上有26道噴泉，水柱直接從石板向空中射出，代表瑞士的26個州。

玫瑰花園
Rose Garden

🕐 08:00～17:00，全年開放 / 💲 免費 / ➡ 自火車站搭乘12號公車前往，約10分鐘

　　地勢居高臨下的玫瑰花園，在18世紀的時候是一處公共墓園，直到1913年才改建，並種植玫瑰花、杜鵑花和其他花卉，山坡上更是種滿櫻花樹，春天花季的時候非常漂亮。由於這裡隔著阿雷河眺望整個市區，是拍攝伯恩的最佳位置。

大教堂
Münster

🕐 週二～六(夏季10:00～17:00、冬季10:00～16:00)，週日(夏季11:00～17:00、冬季11:00～14:00)，週一休 / 💲 成人4CHF / ➡ 從火車站步行前往，約10分鐘

　　教堂始建於1421年，從其高聳的鐘樓尖塔，可看出是屬於哥德式後期的建築，採用當地的砂岩為建材。16世紀宗教改革後，教堂歸屬於新教，只保留大門外的雕像。大門上方的雕塑是「最後審判」中的238個角色，左邊的天堂與右方的地獄、潔白的上帝和爭獰的亡魂，人物表情唯妙唯肖，形成強烈的對比。尖塔頂端是眺望市區全景的最佳地點。

1.天氣炎熱時，當地孩童會到廣場上的噴泉戲水，形成特殊景象 / 2.大教堂正門上方的「最後審判」雕刻 / 3.從玫瑰花園眺望伯恩市區

愛因斯坦故居
Einstein Haus

🕐 週二～五10:00～17:00、週六10:00～16:00 / 💲 成人6CHF / ➡️ 從火車站步行前往，約10分鐘

世界知名的科學家愛因斯坦，曾經在西元1902～1909年間旅居伯恩，並在這期間發表了《相對論》。他的故居還妥善地保持當時的模樣，目前以博物館的型態對外開放。

熊公園
Bären Park

🔗 tierpark-bern.ch/baerenpark / 🕐 08:00～17:00，全年開放 / 💲 免費 / ➡️ 自火車站搭乘12號公車前往，約10分鐘

熊是伯恩德文名稱的由來，自建城以來就是這城市的代表性動物，包括市徽、噴泉和許多建築物都能看見熊的圖樣。緊鄰阿雷河的熊公園目前養著3隻熊，熊爸爸Finn來自芬蘭，熊媽媽出生於丹麥，它們從2009年起便移居到熊公園居住。

提契諾州
Ticino

推薦指數★★★★，熱情陽光的義式風味。

提契諾州是瑞士唯一在阿爾卑斯山以南的區域，再加上是瑞士海拔最低點，全年氣候溫暖且陽光充足，街道上全是飄揚的棕櫚樹和色彩繽紛的房屋，洋溢著地中海的熱情氛圍。

世界遺產城堡：貝林佐那
Bellinzona

🔗 www.bellinzonaturismo.ch

人口4萬5千人的貝林佐那，自古以來因為它重要的戰略位置，而成為古羅馬人防禦阿爾卑斯山區的隘口，許多防禦性的堡壘和城牆便是最佳鐵證。摩肩接踵的觀光客來到貝林佐那，就是為了親眼目睹中世紀的城堡，體驗這座中古風情的義式小鎮。

貝林佐那舊城區

市區裡的石板街道、義式風情的房舍，洋溢著溫馨迷人的中古小鎮風情；除此之外，週六早上的市集是每週最重要的日子，舊城裡湧進各種攤販和購物的居民，此起彼落的交談聲顯得熱鬧非凡。由於貝林佐那的市區不大，加上整個舊城規畫成徒步區，相信每個人都能逛得很恣意悠閒。

➡️ 出火車站左轉，步行5分鐘即可抵達

蒙特貝羅城堡 Castello di Montebello

蒙特貝羅（Montebello）意指美麗的山，這座城堡因為坐落於蒙特貝羅山上而得名，歷年來由於經歷過許多不同的政權轉移，因此也更改過多次的名字。城堡中心最古老的建築可追溯到13～14世紀之間，據推測有可能為來自義大利北部柯摩（Como）的盧斯康尼（Rusconi）家族所建造。

🕐 10:00～18:00(隨季節略有變動) / ➡️ 從大教堂後方的小巷子步行前往，約10分鐘

> 1.聳立於岩石上方的大城堡，電梯入口處於照片左下角的位置 / 2.蒙特貝羅城堡的夜景 / 3.貝林佐那的舊城徒步區

大城堡 Castelgrande

位於市中心50公尺高的岩壁上，屬於防禦性的城堡。與用於國王貴族居住的華麗城堡不同，用堡壘來形容它或許更貼切些。根據考古顯示，早在西元前5千多年的新石器時代，已有人類在此居住。目前的外觀是1250～1500年間修建的，依循天然地形的輪廓，連綿2公里長的石砌城牆彷彿一座小型的萬里長城，入選世界遺產之列。

🕐 10:00～18:00(隨季節略有變動) / ➡️ 從火車站步行前往，約10分鐘

庸懶義式風情：羅卡諾
Locarno

http www.ascona-locarno.com

濱臨湖畔的羅卡諾向來是德語系民眾的熱門度假勝地。滿街林立的棕櫚樹、清澈粼粼的湖泊、溫暖和煦的陽光，打造出如地中海般的度假氛圍。來到羅卡諾，不但要體驗義式的浪漫，也能同時享受到慵懶的悠閒生活。

大廣場 Piazza Grande

大廣場是羅卡諾的象徵，雖然平日只是個不起眼的停車處，可是只要有市集或是節慶的時候，這裡馬上蛻變成一處熱鬧非凡的戶外派對。大廣場的周圍，也是商圈及店家的所在地，不管是逛街、購物，或喝咖啡都相當受歡迎。

➡ 從火車站步行前往，約10分鐘

威斯康堤歐城堡 Castello Visconteo

城堡為米蘭的威斯康堤家族所建，直到16世紀時，瑞士軍隊攻占提契諾州，占據城堡並摧毀部分建築，目前城堡外還可看到斷壁殘骸的遺跡。現今城堡以考古博物館的方式對外開放，展示許多古羅馬時期的玻璃製品和陶器。

🕐 週二～日10:00～12:00、14:00～17:00 / 休 11～3月、週一 / ➡ 自火車站搭乘1號公車，在Castello Visconteo站下車

瑪丹那·沙索教堂 Madonna del Sasso

建於西元1480年的瑪丹娜·沙索教堂，是由信徒們一磚一瓦親手建造而成，為文藝復興時期的風格。教堂有著醒目的黃色外觀，矗立在羅卡諾山腰的崖壁上，是觀賞馬焦雷湖及羅卡諾市區的最棒地點。

➡ 搭乘纜車前往，纜車7.5CHF

卡兒答達 Cardada

　　卡兒答達纜車站位在羅卡諾半山腰，岩石聖母教堂旁邊，摩登新穎的空中纜車由當地知名建築師馬利歐·波塔（Mario Botta）所設計。山上規畫許多兒童遊樂設施，喜歡刺激的也能玩飛行傘，或騎登山越野車一路返回市區，是瑞士南部的熱門景點。到山頂後，往左邊走到底是鳥瞰馬賈河谷（Valle Maggia）的景觀平台；往右是一條穿過森林的步道，平坦好走，適合一家大小。步道的終點還可以再搭乘另一段懸空式小纜車，前往海拔1,670公尺高的奇美塔（Cimetta），欣賞馬焦雷湖（Lago Maggiore）的全景。

http www.cardada.ch／$ 來回纜車票36CHF，持有Swiss Travel Pass或半價卡享有50%的優惠

1.停滿遊艇的馬焦雷湖(lago　Maggiore)／2.每年8月在羅卡諾大廣場有影展／3.威斯康堤歐城堡／4.建於半山腰的瑪丹那·沙索教堂／5.前往卡兒答達的空中纜車／6.阿斯科那湖畔的網美盪鞦韆

❺

❻

純樸小鎮風光：阿斯科那
Ascona

➡️ 自羅卡諾火車站過馬路的公車站，搭乘1號公車前往Ascona，在Ascona Centro站下車

　　如果在德語區隨便抓個人來問，最希望去瑞士哪裡度假，我想有一半的人會回答阿斯科那。我曾經很好奇，這個位於馬焦雷湖畔的小鎮，到底是有什麼魔力，讓住在阿爾卑斯山以北的德語系居民趨之若鶩呢？

　　停靠在湖邊的小船、面向湖泊的露天咖啡座、穿著休閒的觀光客，處處都洋溢著度假的風情。即使很多人來這裡度假，阿斯科那依舊散發著純樸又自然的小鎮韻味，絲毫沒有因摩肩擦踵的觀光客而過度商業化，如果你也是嚮往好山好水的性情中人，那麼一定要來趟阿斯科那。

義式都會風采：盧加諾
Lugano

http www.lugano.ch

身為瑞士南部義大利語區的第一大城，盧加諾散發出一股高貴傲人的氣息。即使滿街林立的銀行和名牌精品商店，卻不會讓人有不可高攀的感覺；陽光普照的溫暖氣候、親切熱情的居民、明媚的湖光山色，盧加諾讓人覺得就是充滿奔騰活力的城市。

那薩街 Via Nassa

這條街上精品名牌店林立，頂級羽絨衣Moncler、愛瑪仕（Hermès）、路易威登（LV）等名牌都設有據點，走在街上經常能看見紳士富豪和打扮時尚的貴婦，喜歡逛街購物的人絕對會喜歡。

▶ 從火車站步行前往，約10分鐘

聖瑪莉亞教堂 S. Maria degli Angioli

這間位於那薩街盡頭的小教堂建於15世紀，內部的濕壁畫是由義大利文藝復興時期的著名畫家伯那迪諾·盧依尼（Bernardino Luini）所繪。其中最大的一幅畫《耶穌受難記》（LaPassione），畫得非常生動逼真，令人讚賞。

▶ 從火車站步行前往，約15分鐘

聖羅倫佐大教堂 San Lorenzo

教堂位於火車站和市區間的半山腰，始建於西元前875年。大門正面栩栩如生的雕刻是文藝復興早期的風格，內部的溼壁畫則是繪於14～16世紀。教堂的祭壇是米蘭大教堂的設計師安德烈·比費（Andrea Biffi）的作品，為不可錯過的精采看點之一。

▶ 從火車站步行前往，約5分鐘

布雷山 Monte Bré

布雷山是從高處鳥瞰盧卡諾的絕佳地點,也是當地民眾假日爬山的熱門去處。從山上健行到湖畔的小村莊—甘德利亞(Gandria),大約只需要2小時,不但能沉浸在芬多精的山野中,沿途同時也能欣賞到盧加諾湖的明媚風光。

http www.montebre.ch / **⊙** 全年開放 / **➡** 自盧加諾市區搭乘1號公車,在Cassarate Monte Bré站下車,再換乘纜車上山

聖薩瓦托雷山 Monte San Salvatore

矗立在盧加諾湖畔的聖薩瓦托雷山,是盧加諾地區最高的山,山頂上有360度的絕佳視野,可以同時眺望盧加諾湖和科摩湖,天氣晴朗的時候,甚至還隱約能看見米蘭都會區。

http www.montesansalvatore.ch / **⊙** 僅在3~10月行駛,詳細日期請參考官方網站 / **➡** 自盧加諾市區搭火車、公車或是自湖畔搭船到Paradsio,再換乘纜車上山

最美村莊系列:摩可地 Morcote

近郊景點

➡ 夏季可以從Lugano碼頭搭船前來,或是自盧加諾市區(Lugano centro)搭431號公車,在Morcote Piazza Grande站下車,總車程約36分鐘

自從2011年起,瑞士每年都會評選最美的村莊競賽活動。位於瑞士義語區的摩可地榮膺2016年的冠軍。這個居民只有7百多人的小村莊位於盧加諾湖畔,不但湖景優美,蜿蜒巷弄間的石板古屋更散發出古色古香的氛圍!

1.從教堂眺望摩可地村莊和湖景 / 2.從盧加諾搭船來到摩可地,能欣賞到絕佳的美景

1.盧加諾湖畔 / 2.到處都是拱廊和精品店的那薩街 / 3.聖瑪莉亞教堂內部的濕壁畫 / 4.聖羅倫佐大教堂 / 5.甘德利亞(Gandria)村莊 / 6.聖薩瓦托雷山上的景觀

狐狸鎮
Fox Town

近郊
景點

http www.foxtown.ch / ⏰ 每天11:00～19:00 / 休 1/1、復活節週日、8/1、12/25、12/26 / ➡ 自 Bellinzona搭乘往Chiasso方向的區間車，在Mendrisio S. Martino站下車，車程約48分鐘。出火車站之後，沿著Fox Town的指標走便能抵達

　　來自義語區的富豪—塔齊尼先生（SilvioTarchini），在盧加諾附近的Mendrisio成立瑞士規模最大的outlet，並取名為狐狸鎮，因為他說：「這邊精品店內所販售的名牌商品是市面上零售價的3～7折，所以來此購物的消費者們，個個都像狐狸般精打細算」。

　　狐狸鎮是全歐洲規模最大的outlet之一，目前擴建到3棟建築，囊括歐美各國的服飾品牌、餐具、香水及玩具等，Burberry、Fendi、Prada、Gucci、Armani、Hugo Boss等大家耳熟能詳的牌子，對於喜愛名牌服飾的人，絕對不能錯過這個血拼天堂。

義大利語區
山谷裡的祕境

　　瑞士南部的谷地，在每年的5～9月間，是非常熱門的旅遊旺季。這裡不但保存著傳統風味的房屋，清澈透明的溪流和自然的瀑布景觀，吸引許多歐美遊客前來避暑戲水。喜歡私房景點的人，不妨學瑞士人走入這些深山裡的祕境吧！以下是最熱門的兩處谷地。

馬賈河谷
Valle Maggia

布羅拉橋 Ponte Brolla

布羅拉橋位於山谷的最前端，算是比較容易抵達的景點，可以搭火車或公車前來。山谷長期被馬賈河侵蝕後，在布羅拉橋附近形成深谷地形和光滑的岩石。夏季時，很多瑞士人會來這裡戲水，因為位置比較隱蔽，吸引許多愛好天體的人士前來曬太陽。

➡ 1.自Locarno地下車站搭前往Domodossola的火車，在Ponte Brolla站下車，車程約12～20分鐘。2.自Locarno搭315號公車前來，在Ponte Brolla站下車

佛羅里歐 Foroglio

沿著馬賈河谷的盡頭，會接到另一座巴馮那谷地(Val Bavona)，是一處非常隱蔽的世外桃源。由於這裡的交通不便利，自古以來居民就過著隨季節遷移的生活，基本上只有夏季才有人居住，甚至沒有電纜線延伸到這裡。也就是說，居民的用電只能仰賴太陽能板、煤氣或石油等。

山谷裡的村莊，零星散落著自15世紀遺留下來的石板屋，還有類似瑞士西南瓦萊州的防鼠穀倉，當地民眾稱為torbe。冰河融化的雪水自佛羅里歐村莊旁百公尺高的山頭灑落，形成一道壯觀的瀑布。遊客可爬上登山步道，眺望

如銀花般的瀑布外，還能坐在河邊的鞦韆前，聽著潺潺的流水聲，悠閒地欣賞這如畫的美景。

➡ 1.這裡公車班次很少，交通比較不方便，建議自行開車前來。2.自Locarno搭315號公車到Bignasco, Posta，再轉公車到Foroglio，車程約1小時10分鐘

馬賈瀑布 Cascata del Salto

提契諾州的馬賈河谷是瑞士南部規模最大的谷地，在這隱蔽的山區裡藏著許多私房祕境。這座瀑布位於馬賈(Maggia)村莊的附近，潔淨的山泉水自60公尺高的岩壁灑落而下，分成好幾束銀花般的飛瀑，底下形成天然的小水池，洞穴式的岩壁、瀑布和水池簡直像是武俠小說裡的場景，吸引了許多人前來游泳戲水。

➡ 1.自Locarno開車前往，車程約20分鐘。抵達馬賈村莊後，沿著教堂(Chiesa di San Maurizio)旁邊的葡萄園小徑再健行約10分鐘。2.自Locarno搭315號公車前往，在Maggia, Centro站下車，再步行約30分鐘

波斯可·古林 Bosco Gurin

瑞士合掌村

西元1253年，一群來自瑞士西南部瓦萊州（Valais）的人們跋山涉水遷移到波斯可·古林，在這裡落地生根建立村莊。他們將瓦萊州傳統的建築風格一併帶過來，房子的下半層採用石材、上半層為木材的結合，將屋頂設計成三角形，成為波斯可·古林房屋的最大特色。

海拔1,504公尺高的波斯可·古林，定居於此的人數不到60人，是瑞士居民最少的村莊之一。自古以來，由於和外界交通的聯繫困難，向來過著自給自足的農牧生活。即使今日這裡行政上屬於提契諾州的範圍，卻是義大利語區內唯一母語是講德文的村莊，村民還有獨特的方言Ggurijnartitisch。

雖然村莊很迷你，但是卻非常漂亮，尤其冬天披上一層厚厚的積雪，頗有合掌村的模樣。冬季這裡是當地人私房的滑雪景點，到了風光明媚的夏天變成健行者的天堂，任何季節造訪都能領略到不同的風味。

➡ **1.** 這裡公車班次很少，交通比較不方便，建議自行開車前來。**2.** 自Locarno搭315號公車到Cevio, Centro，再轉公車到Bosco Gurin，車程約1.5小時

翡薩斯卡谷地
Valle Verzasca

索諾紐 Sonogno

石板屋小鎮

由於瑞士南部盛產石頭，古代人便懂得就地取材，因此石板屋是義大利語區的傳統建築特色。雖然石板屋並不是只有在索諾紐才看得到，但是這邊整個村莊保存得比較完善。石板屋的特色就是門窗都不大，所以屋內頗為陰暗，而且為了維持它原來的傳統樣貌，政府規定不能任意整修。

➡ 自Bellinzona搭火車到Tenero，再轉搭321號公車到Sonogno

科里波 Corippo

最美村莊系列

科里波位於翡薩斯卡谷地的山坡上，曾經角逐過瑞士最美村莊，雖然最後沒有拿到冠軍，但足以證明其存在的價值。這座村莊最早在1224年就出現於文獻記載，擁有相當久的歷史。然而地理位置不便利，導致居民紛紛搬離到市區謀生，目前的永久住戶只剩下十幾位，而且還都是老人。

走在科里波蜿蜒的石板巷弄，周圍依然矗立著許多傳統的石板屋。不過畢竟沒有經費整修，整

座村莊流露著荒廢已久的氛圍。只有少數幾棟整修過的房屋，在夏季有人來這裡度假，看起來頗為滄桑。

➡ 自Bellinzona搭火車到Tenero，再轉搭321號公車到Corippo, Bivio站下車

古羅馬橋 Ponte dei Salti

　　建於17世紀的古羅馬橋是翡薩斯卡山谷超級熱門的景點，暑假時這裡人滿為患，大家紛紛來戲水消暑。這座石砌的橋寬度大約僅1公尺，以河中突起的岩石為中心支稱點，成為2個拱型，非常有特色。夏天時許多瑞士人會來這裡跳水，遊客則在一旁拍手叫好。

➡ 自Bellinzona搭火車到Tenero，再轉搭321號公車到Lavertezzo, Paese

翡薩斯卡水壩 Diga Verzasca

　　007系列電影中的《黃金眼》，男主角龐德便是從這個水壩縱身跳下山谷。這座歐洲最大的水壩高度達220公尺，遊客可在水壩上行走，一邊是平靜的湖泊，另一側則是險峻的峽谷。如果喜歡刺激的玩法，不妨嘗試從水壩上躍下的高空彈跳。

🕐 玩高空彈跳的時間為4月中～10月底的週六、日 / 💲 255CHF / @ 報名：info@swissraft.ch / ➡ 自Bellinzona搭火車到Tenero，再轉搭321號公車到Diga Verzasca

法語區
Suisse Romande

推薦指數★★★★，優雅的湖畔氛圍。

位 於瑞士西邊的法語區，長久以來吸引許多作家、哲學家前來，甚至不乏電影明星前來定居，可見這裡是一處人文薈萃的宜居之地。

國際之都：日內瓦
Genève

➡️ www.geneve-tourisme.ch

不論你有沒有來過瑞士，大家絕對都聽過日內瓦這個名聲響亮的國際都市。日內瓦位於法瑞邊境，是瑞士的第二大城，有蕩漾的雷夢湖及綿延不斷的阿爾卑斯山群相伴著，襯托出日內瓦的法式浪漫情懷。許多國際性的組織及國際會議的舉辦，更是彰顯日內瓦的重量級地位。

大噴泉 Jet d'eau

大家看到艾菲爾鐵塔自然地就會聯想到巴黎；而大噴泉就好比鐵塔一樣，是象徵日內瓦的地標。相信許多遊客來到日內瓦，就是想要體驗一下大噴泉所帶來的震撼感。垂直高度達140公尺的噴泉，灑落在湛藍的雷夢湖上，彷彿是一道從天而降的瀑布，既壯觀又美麗！

➡️ 從火車站步行前往，約10分鐘(風強的時候會關閉)

英國公園 Jardin Anglais

公園裡有個直徑4公尺的花鐘，象徵日內瓦的蓬勃發展的鐘錶產業。政府每年春初都會栽植色彩繽紛的花卉來裝飾，它2公尺長的指針也是世界上最長的時鐘指針。此外公園裡有兩座紀念雕像，是為了慶祝日內瓦於1815年加入瑞士聯邦所設立。

➡ 從火車站步行前往，約10分鐘

日內瓦舊城區 Vieille Ville

在隆河右岸山坡上的舊城區，因地勢較高的緣故，當地居民又稱之為上城（Haute-ville），這裡不但是教堂、古蹟聚集地，在蜿蜒的小巷弄間還有許多小巧可愛的古董商店，歐洲啟蒙時代的思想家盧梭（Jean-Jacques Rousseau）的故居也是位於舊城區內。

➡ 從火車站步行前往，約10分鐘

紅十字會博物館
Museé International de la Croix-Rouge

這間博物館是紀念由亨利·杜南（Herny Dunant）所創立的紅十字，建造的資金全部由熱心人士所捐贈。地下樓層中，展示歷年來關於紅十字會活動的圖片資料和工具，讓遊客對紅十字會的機構有進一步的瞭解。

🕙 10:00～17:00 / 休 週二及12/24、12/25、12/31 / ➡ 自Cornavin火車站前搭乘15號電車，在Nation站下車

聯合國歐洲總部 Palais des Nations

西元1945年，聯合國於美國成立之後，指定日內瓦為歐洲總部所在地。大門前的聯合國廣場上有一張三腳椅，是訴說世界上的國家要秉持廢除地雷的戰爭方式，象徵著國際間以溝通和協調來替代武力，才是正確的做法。

➡ Cornavin火車站前搭乘15號電車，在Nation站下車 / ℹ 入內參觀必須事先預約

雷夢湖畔的港都：洛桑
Lausann

➡ www.lausanne.ch

坐落在雷夢湖畔的洛桑散發著依水傍山的美感，為瑞士法語區的重要城市之一。市區裡高低起伏的街道、古色古香的舊城區、湖邊浪漫柔情的烏契港，各種截然不同的風情，好像挖掘寶藏一樣，帶來接連不斷的驚喜。

大教堂 Cathédrale

建於12世紀的洛桑大教堂，是現今瑞士保存最完善的天主教教堂之一。教堂大門的雕塑令人讚賞，內部的玫瑰花窗和巨大的管風琴也是不可錯過的傑作。從教堂的塔頂，是眺望洛桑市區和雷夢湖的最佳地點。如果時間足夠，還可以順道參觀一旁的歷史博物館。

➡ 搭乘M2地鐵在Flon站下車，再步行前往

烏契港 Ouchy

烏契原本是洛桑的漁港，雖然目前還有一些漁船進出，但是新穎的現代化造型已經不復以往的舊貌。如今，湖畔可以看見許多遊艇、整排的露天咖啡座和造型噴泉，散發出如海邊般的氛圍，帶給人們一股悠閒輕鬆的感覺。

➡ 搭乘M2地鐵在Ouchy站下車

奧林匹克博物館 Musée Olympique

位於湖畔的奧林匹克博物館，展示自古希臘時期到現代奧運的歷史演進，還有各種關於奧運的運動資料、競賽項目、選手的紀錄，以及五花八門的收藏品。若是對奧運有興趣的民眾，不妨安排來此參觀。

🕘 09:00～18:00 / 休 週一 / ➡ 搭乘M2地鐵在Ouchy站下車，再步行約10分鐘

1.大教堂內部 / 2.洛桑大教堂是瑞士最重要的哥德式教堂 / 3.位於湖畔的烏契城堡 / 4.奧林匹克博物館

玩樂篇

世界遺產葡萄園：拉沃
Lavaux

➡️ 自Lausanne搭乘開往Villeneuve方向的火車，車程約5～10分鐘，建議在St-Saphorin或Chardonne站下車參觀

拉沃葡萄園區向陽的優越地勢，自12世紀起，就發展種植葡萄釀酒的產業。據說這裡的葡萄一天內有3次被陽光照耀的機會，清晨旭日東升之際、白天湖面所反射的陽光，以及黃昏時刻葡萄園牆所散發出的熱氣。現今種滿多種葡萄的土地，如梯田般地一層層沒入雷夢湖中，景色非常讓人陶醉，於2007年被列為世界遺產。

蒙特勒 Montreux

位於雷夢湖畔，由於溫和的氣候環境，自西元18世紀以來，這裡便是熱門的度假地區，除了深受許多皇室貴族的成員青睞之外，不乏外國的企業家、明星、運動員也紛紛來此定居養老，全市的人口有44%非瑞士人，由此可見他的魅力。

契雍城堡
Châteaux Chillon

近郊景點

http www.chillon.ch / ✉️ 21 avenue de Chillon, 1820 Montreux / 🕐 4～9月09:00～18:00，10～3月09:30～17:00，11～2月10:00～16:00 / 💲 成人12.3CHF、6～15歲兒童7CHF

矗立在雷夢湖畔的契雍城堡，是雷夢湖周遭最重要的景點。城堡始建的時候，當時只有4面牆壁，用來存放武器使用，後來其戰略位置日益重要，法國的薩瓦（Savoy）公爵將其逐漸擴建成為今日城堡的模樣。因為城堡的建材是由石塊堆砌而成，才取名為契雍城堡，法文即意指石塊城堡。

格魯耶爾
La Gruyères

近郊景點

矗立在山丘上的格魯耶爾，整個市區及城堡被城牆所包圍住，是典型中古世紀的村落，散發著古老的餘味。簡單的坡璃窗、斑駁的木門、裝飾的小花盆、成堆的木材，即使沒有經過專業設計師的美化，每間屋子都讓人覺得溫馨可愛。

東部地區
Ostschweiz

推薦指數★★★★，傳統的鄉村色彩。

瑞士東北地區，山勢雖然不高，但是高低起伏的丘陵景觀和零星散落的小木屋，構成了一幅美麗的景色。尤其這地區依然保存著許多瑞士的傳統，包括曆法、食物和服飾等等，想要深入體驗瑞士風情的人，絕對不能錯過。

東北的大學城：聖加崙
St. Gallen

http www.stiftsbezirk.ch / ⓒ 每天10:00～17:00(展覽期間不對外開放，出發前請先查詢官網) / $ 成人18CHF，16歲以下跟父母親同行的兒童免費 / ➡ 1. 自Zürich搭火車前往，車程約36～40分鐘。2.自Arth-Goldau搭火車前往，車程約45分鐘

瑞士東北區規模最大城—聖加崙，距離蘇黎世僅1小時車程，前往奧地利和德國邊境也非常

近，許多旅客會在此地停留。這個城市名稱的由來，是為了緬懷於西元612年在這裡成立修道院的愛爾蘭傳教士Gallus，因此歷史悠久的聖加崙修道院也成為市區的重要景點。

一旁被列為世界遺產的圖書館(Stiftsbibliothek)，內部收藏數千本自8世紀保存至今的手稿，是世界上最重要的修道院圖書館之一。

▲ 修道院圖書館

聖模里茲
St Moritz

➡️ 自Zürich搭火車前往，車程約3.5小時

曾經舉辦過兩屆冬季奧運會的聖模里茲，位於海拔1,820公尺高的山區，為一處熱門的滑雪度假勝地。由於深受富豪名流人士的喜愛，聖模里茲以高級度假山城聞名。遊走在街頭，經常可以看見身穿貂皮大衣的貴婦，市區裡林立著一間間的名牌精品店和高級旅館，便能看出這是個充滿奢華霸氣的山中城市。

瓜爾達
Guarda

➡️ 自St Mortiz搭火車到Guarda, staziun(需要在Samedan換車，下車要按鈴)，再轉搭公車到Guarda, cumün，總車程約1小時20分鐘

如果你想要觀賞傳統的阿爾卑斯山村莊，那麼非得要來一趟瓜爾達不可。位於海拔1,653公尺高的瓜爾達，名稱的原文意思為「看」，整個村莊盤踞在下恩加丁谷地的山頂，能飽覽周圍的山谷景色，因而得名。

漫步在裊無人煙的石板巷弄間，走過百年歷史的古老房舍，流露一股與世無爭的氣息，甚至還

有童話故事選擇這裡為創作的背景。1975年因為其特殊的景致，而被瑞士文化保護協會(SHS)列選為國家保護遺產的小鎮。

佐爾茲
Zuoz

➡️ 自St Mortiz搭火車到Zuoz, staziun(需要在Samedan換車)，總車程約26分鐘

距離聖模里茲約半小時車程的佐爾茲，全村人口僅1千多人。有別於聖模里茲的奢華，這裡相較下顯得格外純樸。長久以來，佐爾茲一直都是上恩加丁谷地中相當重要的一個小鎮。

一間間裝飾可愛的房屋，從木製的門窗、放於門旁的木椅、堆疊成山的木柴，獨樹一幟的風格讓來訪的旅人感受到無限小確幸，是瑞士東部一處非常值得造訪的恩加丁傳統小鎮。

路上觀察 | 瑞士東部羅曼語區：傳統房舍的特點

大門很寬敞

許多羅曼語區的舊房子入口，都會有一扇很大的門，因為早期的居民將家畜養在自家的樓下，寬廠的大門比較方便動物們進出。

花俏的牆上圖案

這些圖案往往和日常生活或是當地的民情風俗有關，因此每一戶住宅的外觀都顯得非常活潑花俏，洋溢著濃濃的阿爾卑斯山區文化色彩。

灰泥刮畫(Sgraffito)裝飾

在瑞士東部地區一帶的小鎮，經常能見到這類的外牆裝飾風格。灰泥刮畫是利用灰泥漿尚未完全凝固之前，使用刮刀所刻畫出立體效果的藝術手法，在阿爾卑斯山地區尤為普遍。

艾本阿普
Ebenalp

http www.ebenalp.ch / ◷ 07：30～18：00 / 休 每年4月與11月，纜車會維修而停止營運 / ⑤ 成人(單程22CHF、來回34CHF)，6～15歲兒童(單程9CHF、來回14CHF)，持有Swiss Travel Pass或半價卡享有50%的優惠，家庭卡及6歲以下兒童免費 / ➡ 自Appenzell搭火車前往，需在Wasserauen換乘纜車上山，總車程約30分鐘

阿彭策爾附近的瓦瑟勞倫(Wasserauen)，在西元1955年便有纜車開往海拔1,640公尺高的艾本阿普。這山區規畫多條迷人的健行路線，能夠眺望遠方的阿特曼(Altmann)及森蒂斯(Säntis)這幾座山峰，千嶂重疊的自然景觀不但讓人驚豔連連，維奇克立洞穴(Wildkirchliführungen)及矗立於艾許峭壁(Äscher Cliff)旁的木屋旅館，更可感受到迴盪山谷間的秀麗風光，因此每年都吸引多達20萬的遊客前來。

從纜車站到木屋旅館，慢慢走大約40～50分鐘的路程。不少人會繼續往山下健行到塞阿爾普湖(Seealpsee)，這段路雖然只有2個小時左右，但是全程都是下坡的山路，膝蓋不好的人不建議走。從塞阿爾普湖走回火車站途中會經過一段很

①

斜的柏油路，幾乎每個人都需要側著走才有辦法穿越，大家要衡量一下自己的能力。

阿彭策爾
Appenzell

➡️ 自St. Gallen搭火車前往，車程約47分鐘

阿彭策爾是公認最有瑞士傳統的村莊，今日還沿襲著自古以來的文化，包括居民平日的生活風俗、飲食習慣等等，他們並依循古老的節日來舉行慶祝儀式，充滿了純樸的鄉村風味。雖然村莊的規模不大，可是一間間具有特色的彩繪老屋，彷彿是博物館的展示品，矗立於街頭。即使市區的規模不大，漫步在其中就好像置身於童話故事的場景般美妙。

本地最重要的傳統，就是每年4月底最後一個週日，居民會聚集在州民大會廣場(Landsgemeindeplatz)上，進行舉手投票來決定這一州的法規。也許你會懷疑，那要如何計票呢？其實就是用最簡單的方法，用目測來決定議題是否通過。

1.艾本阿普 / 2.阿彭策爾夜晚街景 / 3.庫爾的公車站

千年古城：庫爾
Chur

➡️ **1.**自St Mortiz搭火車前往，車程約2小時。**2.**自Zürich搭火車前往，快車約1小時15分鐘。**3.**自Bellinzona搭公車前往，車程約2小時7分鐘，需事先上網訂位，免訂位費(www.autopostale.ch)

根據考古的證據顯示，早在西元前3000～4000年左右便有人類定居於庫爾，它被視為瑞士最古老的聚落。由於這裡是銜接阿爾卑斯山南北的必經途徑，自古以來戰略地位極為重要。直到今日，庫爾發展成瑞士東部的最大城市，是瑞士各地前往東部的重要轉運站，從這裡有公車前往南部義大利語區的貝林佐那，搭火車到北邊的蘇黎世也只需要1.5小時的車程。

距離庫爾約12分鐘車程的麥茵菲爾德(Maienfeld)，是卡通小天使「海蒂」(Heidi)的故事背景。這齣全世界家喻戶曉的卡通，描繪小女孩海蒂在阿爾卑斯山區的生活，藉由作者Johanna Spyri活潑生動的筆觸，栩栩如生地將瑞士的鄉村景致和阿爾卑斯山的傳統特色，鉅細靡遺地呈現於世人的眼前。因此，這部卡通也幾乎成為瑞士的象徵。

蘭德瓦薩大橋：菲利舒
Filisur

➡️ 自Chur搭火車前往，快車約1小時

　　興建於西元1901年的蘭德瓦薩大橋，距離地面約65公尺高，是冰河列車途中最令人嘆為觀止的景點。由於橋身呈現100公尺的弧形曲線，乘客在車上便能欣賞到列車在石橋上方行駛的壯觀景象。如果你的時間足夠，不妨下車前往各景觀平台，來欣賞這座鬼斧神工的橋梁。

　　菲利舒附近有3處地方可以觀賞蘭德瓦薩大橋。離火車站最近的南側景觀平台（Aussichtsplattform Süd），大約步行約20～25分鐘即可抵達，中午之前是順光的時候，比較適合拍照；接下來前往另一處觀賞橋梁的地點，是山谷底下的河床邊，位於兩處景觀台的中間位置，從高聳的石橋下能感受到建築工程的浩大；至於對面山壁的北側景觀台（Aussichtsplattform Nord），大約需要1小時的時間抵達，建議在下午前來造訪，才能夠清楚地看到火車從山洞行駛出來的景色。

最美村莊系列：索里奧
Soglio

➡️ 從St. Moritz火車站搭乘公車，在Soglio Villaggio站下車，直達車約1小時20分鐘

　　全村人口僅300人左右的索里奧小鎮，位於瑞士東南部、靠近義大利邊境的峭壁上。居高臨下，彷彿是隱藏在山谷頂端的一處世外桃源。在2015年瑞士最美的小鎮選拔中，索里奧打敗當年候選名單中的各地村莊，贏得冠軍寶座的頭銜。

　　這邊的房屋主要採用石板建材，風格跟我家附近山區的風格很類似，居民主要的語言也是義大利文。春天盛開的花卉、秋天掉落滿地的栗子及蜂蜜都是當地的特產。有時間的話，不妨安排時間來造訪這個最美的瑞士村莊。

> 1.從橋下看冰河列車從橋上方經過 / 2.北側景觀台欣賞到的景觀 / 3.地處偏避的索里奧村莊，散發出與世隔絕的氛圍

蘇黎世
Zürich

推薦指數★★★，豪邁奢華的金融重鎮。

瑞士的第一大城蘇黎世，給人們的印象不外乎滿街的精品名店、到處都是富豪名媛，呈現出尊貴不可高攀的氣質，我倒覺得蘇黎世像個有格調又平易近人的貴族。它不像其他大都市那般地擁擠，也沒有現代化的高樓大廈，而是一棟棟古色古香、有韻味的建築物。

http www.zuerich.com

廣場是一處寧靜的桃花源。由於地勢高、又坐落在利馬河畔，所以是眺望舊城區和大教堂的最佳位置。不僅是觀光客，連當地的居民都喜歡來林登霍夫，享受一下片刻的悠閒。

1.聖誕節前夕的班霍夫大道／2.地勢高的林登霍夫山丘，能欣賞對岸的舊城區

班霍夫大道
Bahnhofstrasse

➡️ 從火車站步行前往，約1分鐘

自中央火車站綿延至湖邊的班霍夫大道，堪稱是最狂的購物街，各大名牌精品店、服飾店林立，向來被視為血拼的天堂，吸引來自世界各地的觀光客前來朝聖。即使你不打算購物，來到蘇黎世還是不能錯過如此重要的景點。

林登霍夫
Lindenhof

➡️ 從班霍夫大道步行前往約5分鐘

林登霍夫德文的意思是「菩薩樹的中庭」，這裡是充滿歷史文化的地方。在熱鬧的舊城區，這

瑞士國家博物館
Schweizerisches Landesmuseum

http www.landesmuseum.ch / 🕐 10:00～17:00 / 休 週
一 / 💲 成人10CHF，16歲以下免費 / ➡ 從火車站步行
前往，約1分鐘

想要瞭解瑞士，走一趟瑞士國家博物館就準沒
錯。這間外觀看起來像城堡的博物館，建於西元
1898年，館內最古老的收藏可追溯自史前時代，
包括武器、家具、服飾、畫作等，各種文物的展
示品可說是瑞士之最。

大教堂
Grossmünster

http www.grossmuenster.ch / 🕐 10:00～18:00(隨季節
略為調整) / 💲 登塔5CHF / ➡ 搭乘4、11、15號電車
在Helmhaus站下車，再步行前往

佇立在利馬河畔的大教堂是宗教改革時期重要
的據點，直指雲霄的雙塔是它最顯眼的特色。遊
客可以買票登上塔頂，一邊可以將蘇黎世市區一
覽無遺，另一面則是將湖光山色盡收眼底。

聖母教堂
Fraumünster

http www.fraumuenster.ch / ➡ 搭乘4、11、15號電車在
Helmhaus站下車，過橋就是

由日耳曼皇帝路易於西元853年下令興建，當
時建造這座教堂和修道院的目的是爲了他女兒，
因此修道院享有許多特權，包括鑄造錢幣和金錢
方面的資助。直到宗教改革後，這裡才歸蘇黎世
政府管轄。教堂內的彩繪玻璃是瑞士著名藝術家
Augusto Giacometti和俄國Marc Chagall的作品。

蘇黎世舊城區
Altstadt

➡️ 從中央火車站走往利馬河的方向，便是舊城區

蘇黎世的舊城區，分布在利馬河（Limmat）兩岸周邊的區域。白天的舊城區有露天咖啡座、各國風味的餐廳、精品時裝的小店鋪等等，是逛街購物的好地方；到夜晚霓虹閃爍的酒吧陸續營業後，彷彿把舊城點燃了生命活力，吸引無數的民眾前來尋歡作樂。

市立美術館
Kunsthaus

🕐 10:00～17:00，週二、四10:00～21:00 / 休 週一 / ➡️ 搭乘5、8、9號電車在Kunsthaus站下車

位於舊城區旁的蘇黎世市立美術館，成立於

西元1787年，收藏19～20世紀的畫作及雕塑品為主，其中又以瑞士本地人的作品居多。此外，也不乏畢卡索、莫內、馬蒂斯等大師級的名作。

蘇黎世西區
Zurich-West

➡️ 搭火車到Zürich, Escher-Wyss-Platz站下車；或搭乘4、6、8、13、17號電車在Escher-Wyss-Platz站下車

這裡早期是工業區，在經過數十年的整頓和改造後，成為蘇黎世新興的時尚地區，融入許多藝術風格、工業風的元素。利用鐵道橋（Im Viadukt）下的拱門，開設一間間的精品店和咖啡廳，蘇黎世最高的摩天大樓Prime Tower也在這裡。

1.位於火車站旁的瑞士國家博物館 / 2.打燈後的大教堂也很美 / 3.從大教堂的塔頂眺望聖母教堂 / 4.舊城區裡有許多酒吧和餐廳 / 5.市立美術館內部 / 6.西區的貨櫃屋是星期五包總店

蘇黎世搭電車 Step by Step

蘇黎世是瑞士規模最大的城市，雖然大多數景點走路就能抵達，但是搭乘大眾交通還是能輕鬆一點。如果是買Swiss Travel Pass的旅客，能免費搭乘市區的電車(tram)和無軌電車(trolleybus)，抽空搭電車體驗一下在地人的生活，也是不錯的選擇。

Step 1 買票

抵達電車站之後，先去一旁的售票機買票，若是已有Swiss Travel Pass就不需要購買。不過Ricky建議大家直接用SBB的APP買票比較方便，就不需要看到底是得買幾區(zone)的票。

Step 2 確定電車行駛方向

查看是幾號電車的站牌，並確定電車行駛的路線方向。通常有好幾號電車會經過同樣地方，所以班次很多。

▲ 電車站上方會列出行駛的電車號碼

▲ 行駛方向的各停靠站名稱(前面的數字是幾分鐘的車程)

Step 3 查看電車抵達時間

電車站上方的電子跑馬燈，會顯示下班車抵達的時間。

Step 4 上車

確認電車前方的號碼後，即可上車。

Step 5 下車

電車上的電子螢幕會顯示即將抵達的車站名。

玩樂篇

巴塞爾
Basel

推薦指數★★★，藝術與文化的城市。

巴塞爾為瑞士的第三大城，除了工業活動及展覽之外，一般人似乎對於這個地方感到有點陌生。如果你喜歡藝術、對文化感興趣，那一定不能錯過博物館及美術館雲集的巴塞爾。貫穿市區的萊茵河，是巴塞爾的精華所在，矗立在河岸的大教堂、河畔平台的餐廳、夏季在河裡戲水的居民，這一切都和萊茵河脫離不了關係，塑造出巴塞爾非凡的迷人風采。

http www.basel.ch

市立美術館
Kunstmuseum

🕐 11:00～17:00 / 休 假日及週一 / ➡ 搭乘2號電車在Kunstmuseum站下車

巴塞爾的市立美術館是歐洲最古老的美術館，收藏大量的名畫，包括莫內、塞尚、畢卡索等大師級的作品，許多遊客都是慕名而來，專程來參觀這間美術館。

巴塞爾大教堂
Das Basler Münster

➡ 搭乘1號或8號電車在Marktplatz站下車

矗立於萊茵河畔的的巴塞爾大教堂，採用紅色砂岩所建造而成，因此外觀呈現出暗紅的色調。教堂的正門有精緻華麗的雕刻，流露出哥德式的建築風格，屋頂的磚瓦採用幾何的鑲嵌圖案，是其最大的特色。

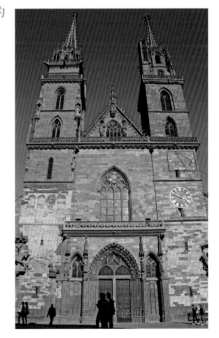

市集廣場
Marktplatz

➡️ 搭乘1號或8號電車在Marktplatz站下車

市集廣場是巴塞爾的市中心，除了週日之外，廣場上每天早晨都有熱鬧非凡的市集。廣場旁的紅色大樓（Rathalle）是巴塞爾的地標之一，也是市政廳的所在地。

巴塞爾動物園
Basel Zoo

🌐 www.zoobasel.ch / 🕐 08:00～18:00(冬天～17:30) / 💲 成人21CHF，16～20歲15CHF，6～15歲10CHF / ➡️ 從火車站步行前往，約10分鐘

這個瑞士最大的動物園，離火車站不遠，是巴塞爾居民重要的休閒活動場所，包括戶外的野生動物區，爬蟲區及水族館裡五花八門的動物，讓來訪的遊客讚不絕口。

三國邊境紀念碑
Dreiländereck

➡️ 搭乘8號電車在Kleinhünigen站下車，再沿著West-quaistrasse走到底

紀念碑象徵巴塞爾位於法國、德國和瑞士3國的邊境之地，雖然真正的交界處其實是在萊茵河中央，不過河的對岸就是法國，而德國就在下游的不遠處，只需要步行就能從瑞士到德國，過了橋就抵達對岸的法國，也是相當特別的情況。

貼心 小提醒

距離電車站不遠的Rhein Center購物中心，裡面有dm、藥局、超市等商店，如果想買百靈油、發泡錠或其他德國藥妝產品，不妨搭車過來一趟，金額夠多的話還能辦理退稅。

1.市政廳和前方的廣場 / 2.位於火車站附近的市立動物園(照片提供／瑞士巴塞爾旅遊局) **/ 3.萊茵河畔的三國交界碼頭**(照片提供／瑞士巴塞爾旅遊局)

另類玩法

Experiences

瑞士，也能這樣玩

來到瑞士旅遊，除了那些傳統遊山玩水的行程之外，還有什麼樣的玩法值得嘗試呢？本篇將介紹水上、雪地等各種不同的另類玩法，保證讓你回味無窮！

愛的迫降
追劇景點之旅

隨著浪漫愛情韓劇《愛的迫降》(Crash landing on you)的播出,炒熱了瑞士各地區的大小景點,入戲太深的觀眾,也想要前往劇中的景點體驗一下那份感受。以下是幾處重要場景,計畫前來瑞士旅遊的人,絕對不能錯過!

1

布里恩茲湖
Brienzersee

➡ 自Interlaken搭火車前往,車程約20分鐘;自Luzern搭火車前往,車程約1.5小時

尹世理(孫藝珍劇中名稱)在船上聽到利正赫(玄彬劇中名稱)彈琴的聲音,就是在布里恩茲湖上。早些年還沒有往返湖兩岸渡輪的年代,這裡是靠人工划船的方式載客,而且都是女生擔任這項工作。推薦大家可以從茵特拉根搭渡輪前來,欣賞一下布里恩茲湖。

位於布里恩茲湖畔的布里恩茲(Brienz),自古以來就以木工雕刻技術聞名,還擁有著名的工匠和製造小提琴學校,被稱為木雕小鎮。不僅如此,精美的阿爾卑斯山區木造房屋,也是這村莊的特色。

要參觀傳統木屋,其中最漂亮的便是林立於布倫街(Brunngasse)上的老屋,號稱是歐洲最美的巷弄之一。這排房屋興建於18世紀期間,原汁原味地保存至今日。恣意地漫步在這條街上,彷彿是參觀一座戶外博物館,散發著古樸的氣息。

2

伊瑟特瓦德
Iseltwald

➡️ 自Interlaken火車站搭103號公車，在最後一站Iseltwald Dorfplatz站下車，車程約30分鐘(也可以從Interlaken Ost火車站旁搭渡輪前往)

　　利正赫在湖邊彈琴的地點，就是在瑞士中部布里恩茲湖南岸的伊瑟特瓦德(Iseltwald)。這個不到500人的村莊位於一處凸出的半島上，最前端矗立的古老城堡Schloss Seeburg也在劇中多次出現。由於吸引太多觀光客前來，破壞這原本寧靜的小鎮。自2023年4月起，遊客需要付5CHF才能進入碼頭拍照，希望藉此能控制遊客的數量。

　　不過老實說，這樣的風景其實在瑞士到處都是，如果你不是《愛的迫降》粉絲，倒是不需要特地趕來拍照。

> 1.布倫街(Brunngasse)的傳統木屋 / 2.布里恩茲湖和湖畔的布里恩茲 / 3.伊瑟特瓦德(Iseltwald) / 4.男主角彈琴的碼頭，現在成為拍照的熱門景點 / 5.劇中利正赫便是從吉斯巴赫酒店門口的階梯走下來 / 6.酒店內部典雅的裝潢

吉斯巴赫酒店
Grandhotel Giessbach

➡️ 自Interlaken或Brienz搭渡輪前往，再轉搭纜車上山

　　這間酒店是戲裡利正赫於瑞士念書的學校。西元1873年，來自蘇黎世湖區的酒店富豪Hauser家族，聘請法國建築師興建Grandhotel Giessbach。因為其典雅的風格，加上周邊的花園造景、瀑布和湖景等自然景觀的陪襯下，吸引許多人來造訪，成為當時上流人士的熱門聚會場所。

　　為了讓遊客方便上山，Hauser向政府申請興建纜車的許可，從湖畔碼頭直接開往酒店旁邊，是瑞士第一條纜車線。在19世紀那個保守的年代，酒店就大膽地雇用年輕貌美的女服務生，成為當年讓酒店聲名大噪的賣點。因二次大戰和經濟蕭條的緣故，這間酒店逐漸失去早些年的光環，於是在1979年拆除重建。如今，從酒店內外依然維持古典的氛圍，還能欣賞到壯觀的吉斯巴赫瀑布，沿路散步到瀑布旁邊，也是一段輕鬆好走的健行路線，不妨安排點時間在這裡散步。

盧根湖
Lungernersee

✉ 小屋Mülifluestrasse 11, 6078 Bürglen／➡ 自Luzern或Interlaken搭車前往Kaiserstuhl OW，再步行約5分鐘

　　盧根（Lungern）最早在13世紀時便出現在文獻的記載中，是一座悠久歷史的傳統小鎮，全鎮2千多的人口當中，將近百分之20是退休的老人，瀰漫著寧靜悠閒的氛圍。從瑞士中部的琉森往返茵特拉根的列車，便會經過這處迷人的景點。

　　劇末男女主角返回瑞士時，在自家門前草地上，面著湖景野餐，他們在瑞士的小木屋就是在這湖邊。要提醒大家一下，這間屋子屬於私人的住家，可以在外拍照參觀，但是請注意禮節，請勿大聲喧嘩或進入草坪等私人土地。

錫格里斯維爾
Sigriswil

➡ 自Interlaken Ost前搭21號公車到Gunten Dorf，再轉搭25號公車前往

　　劇中尹世理想要跳橋自殺時，利正赫請她幫忙拍照的地方，就是在這吊橋上。長達340公尺的景觀吊橋，面向連綿不絕的山景和圖恩湖，底下則是深達180公尺的險峻峽谷Gummischlucht。周邊山坡上零星散落的小木屋的陪襯下，整體的景觀非常美。

> **1.**從高處眺望盧根湖全景／**2.**劇終最後的小木屋／**3.**劇中尹世理想要自殺的吊橋／**4.**吊橋周邊的小木屋景觀／**5.**First山上的天空步道／**6.**前往First的纜車／**7.**小雪德格車站，及前往少女峰的紅色鐵道／**8.**少女峰戶外的嬉雪樂園

費爾斯特山區
First

➡ 自Grindelwald搭乘纜車前往，車程約35分鐘

First山區向來是瑞士的旅遊勝地，夏季可以健行、冬季能滑雪，還有高空飛索等多項的遊樂設施，幾乎來過的人都會深深愛上這裡。是劇中尹世理幫利正赫和未婚妻拍照，以及劇尾兩人又重逢相遇的地方。Ricky要提醒大家，如果要玩山上的遊樂設施，建議一大早上山就馬上玩，可減少排隊的時間。否則最近遊客很多，排隊等上2～3個小時是常有的事。

小雪德格、少女峰景觀台
Kleine Scheidegg

➡ 自Grindelwald或Lauterbrunnen搭火車前往，車程約40～50分鐘

片中男女主角在瑞士山區偶遇，一起看飛行傘的地點，就是在這裡拍攝。之前小雪德格是上去少女峰的轉運站，但是自從纜車「艾格快線」營運之後，遊客其實不一定得經由這裡才能上少女峰，節省許多通車的時間。

還有另外幾幕也是在少女峰地區拍攝。利正赫在瑞士的火車上，只顧著拍照和玩弄相機，完全冷落坐在對面的徐丹，這是在前往少女峰的途中。少女峰山上，兩人也有來到「嬉雪樂園」（Snow Fun）的戶外區。

5　6　7　8

維多利亞大飯店
Victoria Jungfrau

http www.victoria-jungfrau.ch / $ 下午茶套餐每人39CHF或49CHF / ➡ 從Interlaken Ost車站步行前往，約10分鐘

　　第16集片尾，尹世理返回瑞士參加音樂演奏會的場地，便是在維多利亞－少女峰酒店的凡爾賽宮宴會廳（La salle de Versailles）。這間超過150年歷史的飯店位於茵特拉根市中心，前方能直接眺望少女峰山群的景觀。

　　飯店在1856年時曾是維多利亞養老院，直到1899年和一旁的少女峰酒店打通，加建中央凸出的圓頂。近年經過多次整修，增設豪華水療中心，成為如今奢華飯店的代表。

　　這間是少女峰地區最高檔的飯店，每晚大約2～3萬台幣，如果預算有限的話，還是能安排來這裡喝下午茶，體驗一下貴族的奢華氣息。

蘇黎世市區
Zurich

林登霍夫 Lindenhof

　　劇中每集開場的時候，會有一幕男女主角擦身而過的景點，就是位於利馬河畔高處的林登霍夫。在最後一集中，尹世理重返瑞士，聽到鋼琴演奏時誤以為是利正赫的地方也是這裡。

大教堂橋 Münsterbrücke

　　擁有雙塔的蘇黎世大教堂在劇中曾多次出現，從教堂塔頂能眺望利馬河貫穿市區流向蘇黎世湖的景觀。在最後一集，尹世理返回瑞士等待利正赫出現走過的橋梁，便是銜接聖母教堂和大教堂的大教堂橋。

➡ 1.從蘇黎世中央火車站步行前往，約15分鐘。2.搭乘4、11或15號電車在Helmhaus站下車

閱兵廣場 Paradeplatz

　　劇中徐丹抵達蘇黎世的時候，從電車下車的場景就是閱兵廣場，位於蘇黎世最繁忙的購物街班霍夫大道尾端，周邊林立著UBS銀行、瑞士信貸（Credit Suisse）總部和甜點老店Sprüngli，是一處重要的金融商圈。瑞士版的大富翁遊戲中，閱兵廣場是最昂貴的地段，由此可見它的價值。

　　在中古時代，這裡曾經是買賣動物的市集所在地，當時被稱為豬市（Säumärt）。直到17世紀時，舊城的規模向外擴張，才將廣場納入城牆的範圍內。1819年起，由於當時繁忙的商業活動而被稱為新市場（Neumarkt），直到1865年才改名「閱兵廣場」。

➡ 1.從蘇黎世中央火車站步行前往，約15分鐘。2.搭乘6、7、11或13號電車在Paradeplatz站下車

瑞士手工藝品店 Schweizer Heimatwerk

　　劇中徐丹推著行李走進店家，在店內和尹世理巧遇，就是在這家Schweizer Heimatwerk。於1930年由農民聯盟代表成立，起初是為了推廣山區農家的產品，後來逐漸轉變成販售瑞士傳統工藝品的平台，包括木製音樂盒、桌遊、牛鈴、瑞士刀等等，皆是最能呈現瑞士的代表物件。在蘇黎世市區有兩間店（劇中是在利馬河邊Uraniastrasse的這家分店拍攝）。

http www.heimatwerk.ch / ✉ Uraniastrasse 1, 8001 Zürich / ⏰ 10:00～19:00

1.維多利亞飯店外觀 / 2.飯店喝下午茶 / 3.從林登霍夫能看到對岸的舊城區 / 4.大教堂橋 / 5.蘇黎世大教堂的雙塔 / 6.瑞士手工藝品店 / 7.蘇黎世市景 / 8.蘇黎世舊城區

聖誕市集

蘇黎世
Zurich

http www.zuerich.com / ⏰ 11/24～12/23每天11:00～22:00

若是在年底11～12月分的寒冬來到瑞士旅遊，或許很多人會擔心不好玩。但是，這個時候正是聖誕氣氛濃厚的月分，街頭巷尾不但掛滿聖誕節的裝飾品，各地的聖誕市集也顯露著過節的氛圍。走在街上購物一邊喝著熱紅酒暖身，甚至還有可能飄點小雪，是冬天裡最詩情畫意的景象。以下是瑞士幾處主要的聖誕市集。

1,2.火車站內熱鬧的市集與施華洛世奇水晶聖誕樹 / 3.蘇黎世火車站前的聖誕燈飾 / 4.歌劇院前的希瑟歐藤廣場(Sechseläutenplatz) / 5.巴塞爾聖誕市集裡摩肩擦踵的人潮 / 6.位於貝林佐那舊城區的聖誕市集 / 7.聖誕老人村裡的屋子

約在聖誕節前倒數1個月，蘇黎世的聖誕市集便如火如荼地在城內展開，火車站前的班霍夫大街上，也會在同時間進行點燈的活動，一盞盞閃爍的燈光和整條購物商店相互輝映，非常繽紛。蘇黎世市區有好幾處聖誕市集，包括舊城區、歌劇院前的希瑟歐藤廣場(Sechseläutenplatz)，以及火車站內等地。

其中，希瑟歐藤廣場市集的規模最大，還設有露天溜冰場；而火車站地面樓層的市集，由於是室內場地，即使刮風下雪，大家依然能悠閒地逛著。車站裡有棵以施華洛世奇水晶打造的大型聖誕樹，在燈光昏暗的車站大廳內更是耀眼奪目，是每年聖誕市集的焦點所在。

巴塞爾
Basel

http www.basel.com / 🕐 11/24～12/23每天11:00～20:30

　　位於德、瑞、法邊境的巴塞爾，承襲了德國傳統聖誕市集風格，不論吃喝玩樂等各種活動，都讓人感受到聖誕節的繽紛愉悅氣氛。巴塞爾的聖誕市集在2021年被票選為歐洲最讚的聖誕市集，從攤位的裝飾到琳瑯滿目的商品，每個攤位皆花盡巧思來突顯自家的風格。

　　市集的範圍從巴孚瑟廣場（Barfüsserplatz）一直延伸到大教堂廣場（Münsterplatz）周邊的舊城巷弄間，一整天都會湧入滿滿的人潮。在逛市集的同時，千萬不能忘記順便進入大教堂參觀。

貝林佐那
Bellinzona

http www.commercianti-bellinzona.ch/mercatini-di-natale / 🕐 12/10～17，10:00～18:00

　　貝林佐那為瑞士南部義大利語區的首府，公認是瑞士境內最具有義大利風味的城市。聖誕市集的攤位散布在舊城徒步區，可以一邊逛市集，一邊吃熱騰騰的路邊攤小吃，並暢飲暖暖熱紅酒，甚至跟發送糖果、巧克力的聖誕老人不期而遇。熱鬧的人潮穿梭於石板巷弄間，讓整個城市在寒冷的冬季散發著溫馨的感覺。

蒙特勒
Montreux

http www.montreuxnoel.com / 🕐 11/24～12/23每天11:00～22:00 / ➡ Montreux搭火車至Caux，車程約20分鐘

　　位於法語區雷夢湖畔的蒙特勒，號稱擁有瑞士規模最大的聖誕市集。攤位沿著湖畔步道擺設，在逛市集的同時，還能欣賞湖光山色的美景；從白天到夜晚的市集活動，入夜後在五顏六色的燈光下更顯熱鬧。山上的Caux並設有聖誕老人村（需要搭火車前往），適合攜帶小朋友前來觀賞。

5

6

7

雪地飆速 滑雪橇

瑞士素以雪上運動聞名，如果你不會滑雪，又剛好在冬天來到瑞士旅遊，那豈不是很掃興？沒關係！雪橇容易上手、危險性又低，是非常適合全家大小一同玩樂的活動。想體驗雪上活動的遊客，不妨考慮看看。

貝爾郡
Bergün

http www.berguen.ch／⊙ 12月中～3月／$ 成人日票34CHF，兒童日票17CHF，成人持有半價卡的日票為24CHF。滑雪橇的日票可在貝爾郡的火車站購買，當天可以無限次數使用滑雪道，包括上山的纜車及火車。租賃雪橇12～25CHF(視大小而定)，建議一個人使用一個雪橇會比較好玩，若是10歲以下的小朋友，可以跟大人共用一個大雪橇／➡ 自Chur搭火車前往，約1小時15分鐘

　　海拔高1,376公尺，擁有完善的滑雪橇設施，為歐洲聞名的滑雪橇場地！貝爾郡的雪橇滑道有兩條，分別是6公里長的「初級滑道」及4.5公里長的「高級滑道」，如果你不會滑雪又想玩雪，來這裡玩雪橇絕對是冬季的難忘體驗。

安德馬特
Andermatt

http www.andermatt.ch／⊙ 12月中～3月／➡ 自Bellinzona搭火車前往，約1小時16分鐘

　　安德馬特位於阿爾卑斯山區，是連接德語區和義大利語區的隘口，也是冰河列車行經的路線。這樣的地理位置，雖然比較偏僻，卻非常適合發展冬天的雪上活動，不論是雪地健行、滑雪或是雪橇，每年極為豐富的降雪量，提供大家一個完美的雪地樂園。

格林德瓦
Grindelwald

http www.grindelwald.com / ◯ 每年冬季 / ▶ 自Inter-laken搭火車前往，約30分鐘

位於少女峰山下，一到冬天就變成滑雪天堂。遊客們先在格林德瓦市區的體育用品店租雪橇後，再前往費爾斯特（First）搭乘纜車到2,168公尺高的山頂，這裡就是雪橇道的起點。這條號稱全歐洲最長的雪橇道，全長15公里，全程至少要2個小時，滑累了可以停下來用走的，一邊健行一邊滑雪橇，將會讓你有相當難忘的雪地經驗。

策馬特
Zermatt

策馬特的雪橇滑道，是從葛內拉特纜車線的羅登波登（Rotenboden）滑到利菲爾堡（Riffelberg）的這段路線，雪橇直接在羅登波登這站租借就可以（須到終點Riffelberg車站歸還，請勿隨意亂丟），單次費用15CHF。

這條雪橇路線全程幾乎都是下坡，但是下山的過程中馬特洪峰會出現在眼前，是很棒的體驗。因為速度比較快，需要全程一直用腳煞車，適合有滑雪橇經驗的人嘗試，建議一個人坐一台會比較好操控。

行家祕技　得心應手玩雪橇

雪橇是很容易上手的雪地活動，我建議一開始不要滑太快，先練習控制方向的技巧。基本上將身體和雙腳當作方向盤來操作，要左轉就把左腳伸出去，讓鞋底和地面產生磨擦力，雪橇就會自然地轉向左邊，相反地想右轉就伸出右腳。至於煞車，也是利用雙腳的摩擦力讓雪橇停下來。學會駕馭雪橇後，玩起來就更得心應手了！

租雪橇時，最好租軟的塑膠坐墊，滑起來才不會痛。成人建議每人使用一個雪橇會比較好控制，否則因為重力加速度，會更快而更難操控；10歲以下的小朋友建議和父母親共乘，比較安全。

1,3.雪橇是很容易上手的雪地活動 / 2.不同材質的雪橇，價位及速度也不一樣

行家祕技

熊掌鞋健行

冬天的雪地健行,有分為穿普通雪鞋和熊掌鞋兩種,前者是走在那種已經「整理過」的步道,只需要穿一般的雪靴就可以走。但穿熊掌鞋的雪地健行,完全是另一種體驗。

熊掌鞋是一種套在鞋子上、比腳約大2倍的板子,因為鞋底面積大,能將人體的重量平均分散,這樣踏在鬆軟的雪地裡就不容易陷下去。除此之外,熊掌鞋底部有如鋸齒狀的丁爪,使用的時候把普通的雪靴或登山鞋套上去,就能牢牢地踩在雪地裡。

剛開始穿上熊掌鞋時,真的需要花點時間去適應,絕對不能像名模那樣雙腳交叉著走,兩腳得維持平行或是稍微內八,才不會被自己的鞋子絆倒。穿著熊掌鞋爬山頗為吃力,所以建議使用健行登山杖的輔助,能減輕一些負擔。大家有機會在冬天造訪瑞士,不妨來嘗試熊掌鞋的雪地健行,應該會是很難忘的經歷。

1.熊掌鞋 / 2.即使穿著熊掌鞋,還是要跟著冬季健行的指標走 / 3.熊掌鞋健行會耗費許多體力

與動物有約

瑞士是個和動物很親近的國度，在鄉下路邊偶爾就能遇見狐狸。半夜時分，有野生動物跑來花園偷吃菜也是屢見不鮮。因此在瑞士山區旅遊，不管是遇到野生還是放養的動物，都是很奇特的體驗。土撥鼠、梅花鹿、阿爾卑斯山羊和黑面羊等，都是很常見的動物。

土撥鼠是阿爾卑斯山區很常見的野生動物，在瑞士的高山地區健行，經常能夠發現它們的蹤跡，尤其是在瑞士南部的瓦萊州(Valais)一帶，也就是策馬特、阿雷奇冰河區為主。至於黑面羊，也是這一區的特有產物，一頭捲到如爆炸頭的髮型和漆黑的臉孔，更是可愛到爆表。

▲ 美麗的薩斯菲(Saas Fee)小鎮

土撥鼠
Marmot

➡️ 自Zermatt搭火車到Stalden -Saas，再轉搭公車前往Saas-Fee，總車程約2小時。或是自Visp搭公車前往，車程約40分鐘／ℹ️ 基於環保的考量，薩斯菲這個村莊禁止車輛進入，如果是自行開車抵達的遊客，得將車子停放在村莊入口處的停車場

成年的土撥鼠約3～5公斤左右，體型跟博美狗差不多大小。土撥鼠會冬眠約6個月的時間，體溫會降到攝氏5度左右，心跳每分鐘也只跳20下，是夏季的十分之一。約莫到了4月左右的春天，土撥鼠才會逐漸醒過來，開始到洞穴外尋找食物，因此4～10月是遇到牠們的最佳季節。

要在健行途中和土撥鼠來個不期而遇，首先得挑對季節和時間，因為土撥鼠怕熱，夏天炎熱的白天時都躲在洞穴裡，比較難發現牠們在山區外頭活動。最佳的時間是夏季的早晨和傍晚。在策馬特山區健行很容易遇見土撥鼠。

▲ 不怕生的土撥鼠，會向人們討紅蘿蔔吃

不過牠們天性膽小，通常人們太靠近就會跑去躲起來。想要親近土撥鼠，Ricky會推薦大家來一趟薩斯菲（Saas Fee）！這個小村莊周圍被13座超過4,000公尺高的山嶽所環繞，又接近多姆峰（Dom）及阿拉靈峰（Allalinhorn）等數條山脈冰河的交會處，不論任何季節都非常美。喬治麥可（George Michael）的經典名曲〈Last Christmas〉的MTV便是在這裡拍攝取景。

自薩斯菲市區沿著Dorfstrasse往Bifig纜車站的方向走去，會抵達小溪流旁的一片草地，這裡有好幾處土撥鼠的巢穴。只要看到石塊中間有個大洞，地底下應該就是了。你可以準備一些紅蘿蔔或是花生，安靜地等待牠們出來吃，這裡的土撥鼠比較不怕人，會跑出來把食物拿去吃。可愛的模樣保證讓你的心頓時融化。

黑面羊
Walliser Schwarznasenschaf

黑面羊為瑞士瓦萊州的特產，當地人稱為黑鼻綿羊。其實包括鼻子在內，黑面羊整個臉幾乎都是像黑炭一樣黑，尤其在白色長毛的對比之下，看起來好像是沒有臉的感覺。在春天的時候，飼養黑面羊的農家會將羊群趕上山吃草，到了秋末

▲ 在策馬特山區健行能巧遇黑面羊

才趕羊群下山過冬。

在策馬特山區健行，有幾處容易看見黑面羊的地點，包括葛內拉特鐵道沿線的羅登波登（Roten-boden）車站附近、五湖健行路線附近的布勞赫德（Blauherd）纜車站。由於羊群是在山區放牧的型態，所以牠們會隨時移動，如果是豔陽高照的大白天，羊群有時會躲在鐵道的涵洞裡面，或是陰涼的角落。

行家祕技 **Julen農戶的黑面羊行程**

如果沒有在健行途中遇到黑面羊，也不用覺得太可惜，因為還可以報名參觀餵養黑面羊的Julen農戶。行程包括搭乘專車去看黑面羊冬天的住所，並有特製乾肉、起士和白酒等開胃小點，或是預約包括Julen餐廳的晚餐套裝行程，順便品嘗美味的黑面羊肉。請事先上網預訂，或直接向Romantik Hotel Julen飯店或是策馬特旅遊局，洽詢相關的資訊。

🌐 www.julen.ch / 💲 參觀農場成人20CHF，16歲以下兒童免費

1.Julen旅館及餐廳 / 2.Julen餐廳所提供的羊肉餐點

哈士奇雪橇
Husky Sledge

http huskyzermatt.ch / ⏰ 12月中～4月，約1.5小時 / 💲 成人260～280CHF / ➡️ Trockener Steg纜車站的餐廳集合

　　哈士奇犬一直深受許多人喜愛，瑞士許多山區，包括策馬特、Valdes Dix、Lötschental等地都有哈士奇雪橇，或是陪伴健行的活動，讓民眾有近距離接觸哈士奇的機會，還能看到牠們平日的生活型態。在雪橇結束後，會提供美味小茶點，喜歡哈士奇的朋友們絕對不能錯過！

照片提供 / Debby

葛道野生動物園
Goldau Zoo

http www.tierpark.ch / ⏰ 全年開放(4～10月週一～五09:00～18:00，週六～日09:00～19:00，11～3月每天09:00～17:00) / 💲 成人22CHF、6～16歲兒童10CHF，餵動物的飼料一盒2CHF / ➡️ 自Luzern搭火車到Arth-Goldau，再步行約10分鐘

　　阿葛道(Arth-Goldau)距離琉森約30分鐘車程，為瑞士非常重要的轉運站。嚴格來說，阿葛道是由兩個村落所組成，分別是濱臨湖畔的阿爾(Arth)和位於山坡上的葛道(Goldau)，由於車站剛好介於兩者之間，才取名為阿葛道。這裡是前往利基山(Rigi)的起點，也是銜接瑞士南北的必經之途，聯繫蘇黎世、琉森、聖加崙(St. Gallen)及義大利語區之間的交通樞紐。

　　葛道有個熱門的野生動物園，適合全家大小一起造訪。總面積約34公頃，包括山羊、鳥禽在內的許多動物們都大剌剌地走在園區內，完全不害怕來來往往的人群，遊客可以購買園區準備的飼料來餵這些動物，和牠們近距離接觸。

1.要買園方專用的飼料才能餵梅花鹿 / 2.這邊的梅花鹿不會怕生 / 3.梅花鹿可以在園區內自由活動

💗 貼心 小提醒

不要私自帶食物餵食動物

　　為了動物們的健康著想，想要餵養梅花鹿的遊客，請向園方購買飼料，千萬不要私自攜帶食物去餵。

空中極限

http 策馬特：www.flyzermatt.com、茵特拉根：skywings.ch / 💲飛行+加購照片費用約200～300CHF

玩飛行傘是瑞士山區熱門的極限活動，在韓劇〈愛的迫降〉播出後，吸引更多人來瑞士玩飛行傘。飛行傘也有人稱為滑翔傘，除非你有正式的飛行執照，否則來瑞士玩飛行傘只能找教練帶著一起飛。

瑞士主要玩飛行傘的地方是策馬特和少女峰山區，當然其他的山區也都能玩，就看你在哪裡

的時間比較充裕，至少需要預留半天的時間。玩飛行傘須提前上網或親自去報名，然後視當天的天氣情況才決定是否能飛。由於空中的溫度比較低，即使是夏天也要記得穿羽絨外套、褲子等保暖衣服，飛行傘公司也會提供，只是比較醜。

玩一趟飛行傘的價位大約是200～300CHF之間，依照不同的飛行路線和時間而異。當天確認天氣沒問題後，教練就會帶著大家搭纜車上山(纜車票須自行另購)。在正式起飛前還有許多準備工作，包括檢查安全裝備、拍照留念、等待適合的風向等等，一切就緒後就可以飛了。

根據Ricky自己玩過的經驗，我覺得起飛前是最恐怖的時刻，因為得克服心理障礙。當教練說開始起跑的時候，就往前方看不見盡頭處跑過

1.策馬特飛行傘的辦公室，就在火車站對面 / 2.茵特拉根街上就能看到玩飛行傘的廣告 / 3.起飛前教練會先拍照留念 / 4.教練在起飛前先檢查裝備 / 5.降落在茵特拉根的飛行傘 / 6.Gelmerbahn的露天纜車一趟只能坐24人 / 7.如果喜歡刺激的人，可以選坐第一排

去，有點像往山崖跳下去的感覺，但是跑沒幾步就會發現腳已經騰空了。在飛行期間，可以自帶相機拍照，不過建議要用繩帶掛在脖子上比較保險，教練會準備GoPro等運動相機幫大家拍照。

如果不想玩得太刺激的話，記得飛行之前要跟教練說不要旋轉太多，否則有的教練會故意左右晃得很嚴重，這樣容易頭暈。至於降落時其實不會太困難，跟著教練的指示把腳抬起來就好。整體來說，玩飛行傘還算安全，不會像〈愛的迫降〉一樣遇到龍捲風。

特殊纜車及滑道
Special Cable Car & Toboggan

斜度106%的Gelmerbahn

早在1920年的時候，為了在山上蓋人工水壩湖

泊Gelmersee，於是建造Gelmerbahn這條鐵道來輸送材料，在2001年才改建成觀光纜車。這纜車最刺激的地方，在於它是無遮蓋式的露天纜車。當纜車經過最陡的路段，幾乎是垂直上升，會讓人覺得很恐怖。由於每次只能搭載24名乘客上山，所以搭乘前得上網先預約買票，否則到了纜車站不見得會有票。

http www.grimselwelt.ch／✉ Grimselstrasse, 3864 Guttannen／🕐 6月～10/23每天09:00～16:00(7、8月～17:00)／💲成人來回票36CHF，6～16歲兒童18CHF，Swiss Travel Pass或半價卡不適用／➡ **1.**自Meiringen搭火車到Innertkirchen Grimseltor，轉搭前往Handegg Gelmerbahn的公車。**2.**自Meiringen火車站搭乘前往Oberwald Bahnhof的公車，在Handegg Gelmerbahn站下車，車程約40分鐘／ℹ 因為每次上山只有24個座位，上網買票的時候，就得預訂上山及下山的時間，臨場買票就得碰運氣。下山時通常比較沒關係，有座位就可以提早下山，建議停留時間約2～3小時

6

7

塔瑪洛山 Monte Tamaro

位於貝林佐那（Bellinzona）近郊，海拔高度達1千9百多公尺，山上設有許多遊樂區，包括森林遊樂園、雲霄滑車等。聖瑪利亞天使教堂（Chiesa Santa Maria degli Angeli），如城牆般矗立在山巔，是知名建築師馬利歐・波塔（Mario Botta）的作品，從這裡能眺望整個貝林佐那市區，擁有絕佳的視野。山上最著名的設施是齒軌雲霄飛車（Coaster bob），乘坐時可自己控制速度，最快時速高達50公里，適合親子家庭一起造訪的景點。

http www.montetamaro.ch / ⓒ 4～10月底每天08:00～17:00(7、8月～18:00) / 💲 來回纜車票（成人31CHF、兒童16CHF），持有Swiss Travel Pass或半價卡享有50%的優惠；雲霄飛車一趟5CHF / ➡ 自Bellinzona搭火車至Rivera-Bironico，再步行約10分鐘搭纜車上山 / ℹ 3～8歲兒童需要有成人陪同一起玩

1.位於塔瑪洛山上的雲霄飛車，欣賞美景的同時又能享受刺激 / 2.整個滑道的長度頗長 / 3.塔瑪洛山上還有許多其他遊樂設施 / 4.山上的Gelmersee是人工湖

溫泉水療

早在好幾世紀以前，古羅馬人在阿爾卑斯山區的瑞士發現溫泉，並且知道溫泉具有健康療效，因此開始有泡溫泉的活動。瑞士的溫泉和我們觀念中傳統的亞洲溫泉略有不同，既不會養顏、也沒有美容的功效，來這裡泡溫泉純粹就是「有益健康」。

瑞士的溫泉都已經過專業處理，不但沒有濃濃的硫磺味，水溫也都只有30幾度，有點像溫水游泳池的感覺。若是你計畫來瑞士泡溫泉，最好先知道這些基本的訊息，才不會覺得失望。

▲ 斯庫爾小鎮冬季景觀

斯庫爾溫泉
Scuol

http www.engadinbadscuol.ch / ⏰ 08:00～21:45 / 💲 3小時費用(成人34CHF，12～17歲兒童20CHF，6～11歲兒童13CHF) / ➡ 自Zurich搭火車前往，約2小時40分鐘

瑞士東部的斯庫爾小鎮，至今仍然維持著恩加丁谷地(Engadin)的傳統風貌；房屋牆面的花紋壁畫、幾何圖案的雕飾、源源不絕的泉水等等，讓來到這裡的旅客們，確實地感受到瑞士羅曼語區的獨特風格。

斯庫爾的居民早在14世紀就挖掘到溫泉礦，不過一直到了19世紀對外交通開發之後，才開始有外來的觀光客。這邊的溫泉含有鎂、鈣等礦物質，可以直接生飲。溫泉中心內除了泡湯外，還提供按摩及其他美容療程。

▲ 瑞士東部恩加丁谷地的傳統房屋

巴登溫泉
Baden

http www.thermalbaden.ch / ⏰ 07:30～20:00 / 💲 成人16CHF，12歲以下兒童10CHF / ➡ 自Zurich搭火車前往，車程約20分鐘，再步行前往

在瑞士眾多的溫泉中，巴登是交通最方便、最受歡迎的古老溫泉，據說自古羅馬時代便開發了。這裡的溫泉是屬於硫酸礦泉，有室外及室內池，對於風濕及關節疼痛有不錯的療效，除了以身體浸泡的方式外，還能生飲。

洛伊克巴德溫泉
Leukerbad

http www.leukerbad-therme.ch / ✉ Rathausstrasse 32,3954 Leukerbad / ⏰08:00～20:00，全年開放 / 💲成人(3小時28CHF、1日35CHF)，6～16歲兒童(3小時17CHF、1日21CHF)，6歲以下免費。三溫暖及土耳其蒸氣浴需另外加10CHF，另有各種家庭優惠票 / ➡搭火車到Visp，再轉搭火車到Leuk，在Leuk火車站前轉搭471號公車到終點站Leukerbad，公車車程約30分鐘。走出公車站前方為Rathausstrasse街，往右轉直走就能抵達溫泉中心

　　關於洛伊克巴德溫泉，已經流傳了數百年的歷史。早在西元14世紀的時候，古羅馬人就發現此地的溫泉含有豐富的礦物質，泡完後對人體有多元的療效，將洛伊克巴德的知名度傳遍開來。小鎮裡共有65處溫泉，每天可湧出390萬公升的溫泉水，最高溫可達51°C，穿梭在大街小巷，隨處都能看見冒煙的溫泉池。

　　當地多數旅館會規畫私人的溫泉浴池，不過規模比較小。Ricky建議大家去洛伊克巴德的溫泉中心(Leukerbad Therme)，邊泡湯還可以同時欣賞戶外雪景！這間號稱阿爾卑斯山區規模最大的溫泉，有10處不同的浴池，水溫介於28～43°C之間。冬天在戶外池泡溫泉，被白雪皚皚的群山環繞，堪稱人生一大享受。

　　除了泡溫泉，夏季的洛伊克巴德還有許多戶外活動，包括200公里的健行步道、戶外攀岩、橫跨山頭的吊索等項目。在白天的刺激運動後，下午或傍晚前去泡溫泉放鬆，就是完美的一天。

1.**巴登溫泉**(照片提供／陳多明) / 2.**冬季來洛伊克巴德泡溫泉很享受** / 3.**洛伊克巴德街上的溫泉水** / 4.**洛伊克巴德冬季的雪景** / 5.**瓦思溫泉**(照片提供／Vals) / 6.**巴德．拉嘎斯溫泉**(照片提供／巴德拉嘎斯溫泉中心) / 7.**拉維勒賓溫泉**(照片提供／Alpamare)

玩樂篇

瓦思溫泉
Vals

http www.therme-vals.ch / © 11:00～18:00 / $ 非旅館住客，週一～二(成人60CHF、兒童50CHF)，週三～日(成人80CHF、兒童55CHF) / ➡ 自Chur搭火車至Ilanz，再轉搭公車前往 / ℹ 內部禁止使用手機或相機

　　坐落在深山裡的瓦思溫泉會館，是由知名設計師Peter Zumthor所設計建造而成，大膽地以直線、光影、空間的構思概念，讓人們感受水流的洗滌，目前還被瑞士政府列為保護建築之一。溫泉中心採用當地的石材，以簡單俐落的挑高空間，分隔出各種不同主題的溫泉池、冰泉、香精池、花瓣池、三溫暖、室外溫泉區等。建議可以選擇住在瓦思溫泉飯店，就能免費享用溫泉區的設施！

巴德·拉嘎斯溫泉
Bad Ragaz

http www.taminatherme.ch / © 08:00～22:00 / $ 成人33CHF(週末40CHF) / ➡ 自Zurich搭火車前往，約1小時15分鐘

　　巴德·拉嘎斯自1242年發現溫泉，據說這裡溫泉礦物質含量是全歐洲最高，包括鈣、鎂、硫及碳氫化合物，對於健康有相當顯著的療效。溫泉中心曾經於2009年重新整修過，相當新穎現代化。跟其他的溫泉中心一樣，這裡還提供美容及按摩療程，是放鬆身心的絕佳地點。

拉維勒賓溫泉
Lavey-les-Bains

http www.bains-lavey.ch/en/thermal-baths / © 09:00～21:00 / $ 5小時費用(成人30CHF、4歲以上兒童20CHF) / ➡ 自Lausanne搭火車前往St-Maurice，再轉搭公車前往

　　位於雷夢湖東南的拉維勒賓溫泉，在19世紀才被發現，溫泉的水位在地下200～600公尺深，天然溫度高達62～70°C，是瑞士溫度最高的溫泉。除了SPA水療之外，還有按摩、美容療程、三溫暖等各項服務。

5

6

7

通訊與應變篇
Communication &
Emergencies

在瑞士上網、寄信、發生緊急狀況

來到瑞士旅遊，要怎麼打電話跟台灣的家人報平安？

如何寄明信片回台灣呢？要如何上網通訊呢？在本篇中會詳細介紹。

雖然瑞士的治安良好，不過出門在外旅遊「不怕一萬只怕萬一」，

如果真的遇到什麼緊急事件，各種應變處理方式都在本篇內文！

可事先在台灣購買或至當地購買SIM卡。

從台灣打電話到瑞士

國際冠碼+瑞士國碼+區域號碼+電話號碼

先撥中華電信的國際冠碼「002」、「009」、「019」，或其他電信公司的國際冠碼，接著撥瑞士的國碼「41」、區域號碼(前面如有0需去掉)、電話號碼。

撥打方法	國際冠碼+	國碼+	區域號碼+	電話號碼
打到市內電話	002 / 009 等	41	去0	電話號碼
打到手機	002 / 009 等	41	-	手機號碼(去0)
打到台灣帶去的漫遊手機	-	-	-	直撥手機號碼

從瑞士打電話回台灣

國際冠碼+台灣國碼+區域號碼+電話號碼

為了節省電話費，可先在台灣購買「國際電話預付卡」，按照卡片上的指示，輸入卡片上的密碼，即可撥打。

用當地手機、市話、公共電話撥打

撥打方法	國際冠碼+	國碼+	區域號碼+	電話號碼
打到台灣市內電話	00	886	去0	電話號碼
打到台灣手機	00	886	-	手機號碼(去0)

用台灣帶去的漫遊手機撥打

撥打方法	國際冠碼+	國碼+	區域號碼+	電話號碼
打到台灣市內電話	00	886	去0	電話號碼
打到台灣手機	00	886	-	手機號碼(去0)

在瑞士打當地電話

用當地手機、市話、公共電話撥打

撥打方法	國際冠碼+	國碼+	區域號碼+	電話號碼
打到當地市內電話	-	-	-	直撥電話號碼
打到當地手機	-	-	-	直撥手機號碼
打到台灣帶去的漫遊手機	00	886	-	手機號碼(去0)

用台灣帶去的漫遊手機撥打

撥打方法	國際冠碼+	國碼+	區域號碼+	電話號碼
打到當地市內電話	00	41	去0	電話號碼
打到當地手機	00	41	-	手機號碼(去0)
打到台灣帶去的漫遊手機	00	886	-	手機號碼(去0)

Swisscom是瑞士最熱門的電信公司,收訊和服務品質良好。

由於瑞士多為山區,即使是號稱4G或5G的手機,經常會有降到3G甚至更低的可能性。根據Ricky在瑞士多年的經驗,瑞士電信是公認收訊及服務品質最好的電信業者。以下是幾種上網的方案給大家參考,不過各產品的方案經常會更改,所以還是要各門市所提供的最新資訊為準。

申請網路漫遊

現在因為網路打電話方便,基本上大家都是打LINE或是其他的通訊軟體,不太需要真正的撥打電話號碼,出國只要有網路就好。其實現在台灣的電信業者都有提供國外網路漫遊的服務,價位也不會很貴,可以考慮用台灣的卡片直接申請網路漫遊,不太需要買什麼網路分享器。

目前來歐洲,遠傳15天吃到飽方案是台幣999元(3G)、台灣大哥大15天999元(2G)、中華電信

15天768元（2G）。自己直接上網購買或是打電話給電信業者申請，即使人已經出國了，在國外申請都沒問題。好處是不用更換卡片，只是容量有限制，如果是經常看影片或重度上網的人，要選擇適合自己的方案。

購買當地預付卡

在瑞士買預付卡（prepaid sim card）很方便，電信公司門市、郵局、書報攤或超市都有賣。Ricky建議大家去電信公司門市購買，會有專員幫你處理，餘額用完後自行上網或去店家儲值都可以。在購買的時候建議請工作人員幫你設定好，通常需要半小時才會開通，所以預留點時間，萬一有問題還能回去請門市人員查看。

Swisscom

瑞士電信（Swisscom）為瑞士最熱門的電信公司，多數的消費者覺得它們家的服務和收訊最好。這家公司針對預付卡使用者推出方案，售價為20CHF，每個月的流量上限為10GB。超過可以自行上網或到門市進行儲值。

Salt

前身為Orange電信公司，網卡的售價為10天／10CHF，超過10天儲值每天為2CHF，不包括傳送簡訊和通話費。如果出國離開瑞士，匯率會變貴，記得把漫遊的功能關掉。

大火車站的免費Wi-Fi

瑞士有免費Wi-Fi的地方不多，最容易找到的地方應該是大火車站。大家如果急需網路的話，不妨前往最近的火車站試試看。

先搜尋「SBB-FREE」的網路，直接點連接。連上網路後，會顯示「連接到SBB-FREE WiFi網絡」的通知，並跳出瀏覽器IE進入頁面。第一次使用時，系統會要求選擇勾選接受服務條款、輸入手機號碼。台灣的手機號碼需要加國家代碼（台灣00886），確認後會收到簡訊的密碼，輸入密碼確認後，就能連接到SBB的免費Wi-Fi網路了。

住宿提供的免費Wi-Fi

在人手一機的年代，幾乎所有瑞士的飯店或民宿，都會提供免費的Wi-Fi讓房客使用。有的需要輸入密碼，有的則直接連飯店的網路即可。

在手機的設定裡打開Wi-Fi的選項，自動搜尋飯店或住宿的網路，輸入密碼後就可連上網。有些飯店的網路是連上後打開IE頁面才輸入密碼，例如房客的名字或房號，因為每間飯店的設定不同，如果不會操作可以直接詢問櫃檯服務人員。

郵寄 LA POSTA ✚

郵局顯眼的黃色招牌非常容易辨認。

如果想要寄明信片，賣明信片的店家都能買到郵票，自行貼上郵票後，直接投黃色郵筒就可以，不然也可以拿到郵局櫃檯寄送。瑞士的郵局以德文、法文和義大利文標示分別是Die Post、La Poste和La Posta，顯眼的黃色招牌非常容易辨認。

辦公時間為週一到週六，有一些小城市的郵局會有中午休息時間(營業到11:30、下午14:00之後開始)。若是要郵寄包裹回台灣，郵局都有賣紙箱，自己包裝妥當即可拿到郵局寄送。

郵寄明信片

Step 1 購買明信片、郵票

在紀念品商店或是書報攤都能買到明信片，價位約1CHF～2CHF不等，每個城市所賣的明信片都是以當地的風景為主。通常賣明信片的地方都會兼賣郵票，直接向店家說明要寄往何處，他們就會幫你查詢該貼多少郵票(普通約1.3 CHF，快件約1.8CHF～2CHF)。

Step 2 寫好明信片

在明信片背面的空白處寫上內容及地址，國內的住址可以直接填寫中文，地址的最後部分需要填上TAIWAN，填寫範例如下：

Step 投郵筒

直接投進任
何黃色的郵筒即可。

服務人員要寄快件（Priority）還是普通件
（Economic），費用依重量計算，如果寄快件10公
斤約140CHF，10天內可以抵達台灣；若是寄普
通件，15公斤約120CHF。

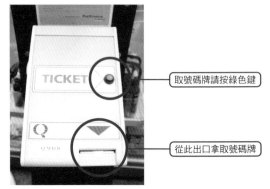

取號碼牌請按綠色鍵

從此出口拿取號碼牌

郵寄包裹

Step 購買紙箱&裝箱

到郵局或是超市購買紙箱，將要寄送的
東西打包好。郵寄國際包裹很容易被摔，如果有
易碎品最好不要用郵寄的方式，紙箱外層的接縫
處也要用膠帶黏好。

▲ 瑞士的郵局內部

Step 寫上地址

在箱子的正面填寫寄件人和收件人的姓
名、地址和電話，並確實填寫內容物品。

Step 郵局寄送

到郵局寄送先抽取號碼牌，並告知櫃檯

▲ 早期的郵政巴士有同時負責運送郵件順便載客的服務

物品遺失

遺失物品找相關單位尋求協助，切記人身安全最重要。

護照遺失

Step 1 報案117

趕緊去當地的警察局報案，並索取相關的文件證明。警察局的電話為117。

Step 2 備妥文件

準備護照影本、警局報案的遺失證明、機票、2吋照片2張。如果沒有護照影本，也可持身分證等可以驗證身分的文件。

Step 3 申請補發

請本人至「駐瑞士台灣經濟文化代表處」申請補發，如需補發護照需1～2週的工作天。對於急需回國的旅客，可以直接申辦「返國入境證明」即可，約2～3天就能拿到，此證明僅限於搭機返台使用。以下是「駐瑞士台灣經濟文化代表處」的聯絡方式，請自行就近辦理。

瑞士台灣經濟文化代表處這裡查

伯恩代表處
Delegation Culturelle et Economique de Taipei

✉ Kirchenfeldstrasse 14, CH-3005 Berne, Switzerland
📞 031-3822927 或 031-3822912
FAX 031-3821523
@ taipei.delegation@bluewin.ch

日內瓦代表處
Bureau de Genève, Delegation culturelle et economique de Taipei

✉ 56, rue de Moillebeau, CH-1209 Geneve, Suisse
📞 022-9197070
FAX 022-9197077
@ tpe-gva@iprolink.ch

＊資料時有異動，請以官方公布的最新資料為主

機票遺失

目前幾乎大多數的航空公司都已經使用電子機票，所以不怕遺失。旅客訂票的時候，航空公司會將顧客的資料直接記錄在系統內，到機場櫃檯辦理登機手續時，只需要給地勤服務人員護照或相關證件就好。而且電子機票可以自己在家列印出來，如果擔心遺失可以多印一份，分開存放。

信用卡遺失

Step 1　報案117

趕緊去當地的警察局報案，索取相關的文件證明，並留下聯絡方式，萬一有人撿到，警方才能通知你。警察局的電話為117。

Step 2　掛失

打電話向發卡銀行的當地分行請求掛失，如果該銀行在當地沒有分行，或不知道如何聯絡，最快的方法就是打電話回台灣請家人向發卡銀行做掛失的手續。

Step 3　申請補發

若急需信用卡使用，可以向發卡銀行或當地國際發卡組織聯絡溝通，不過緊急補發通常需要一筆手續費。如不急用的話，建議回國後再辦理補發卡片的手續即可。

信用卡掛失這裡辦

威士卡(Visa)
☎ 全球緊急服務電話：0080-1-444-124(3)

萬事達卡(MasterCard)
☎ 全球服務中心：1-636-722-7111，接通後請說「Mandarin Please」，將會有講中文的服務人員為你服務。

＊資料時有異動，請以官方公布的最新資料為主

行家祕技　迷路、求助免緊張

警察局

警察局瑞士的警察局分為市(鄉、鎮)警察局及州警局，一般若是護照或是信用卡遺失，前往市(鄉、鎮)警察局即可，州警局通常是處理比較重大的案件。瑞士警察局電話為117。

▲ 警察局的招牌

Information中心

瑞士各地都有Information的旅遊中心，有的城市設在火車站內，某些地方則是位於市區，通常都會有「i」字樣的標示牌。瑞士的火車站前及市區，都設有該城市地圖的標示牌，可以好好利用。

▲ 位於火車站前的市區地圖

貼心 小提醒

搭火車時注意行李

近年來，曾經發生遊客在瑞士搭火車時行李被偷的案例，因此在搭火車的時候一定要將行李放在自己的視線範圍內。如果在座位附近沒有空間，可以準備腳踏車的那種密碼鎖，將行李跟旁邊的欄杆鎖在一起，可以減少被偷的風險。切記，護照和金錢千萬不要放在行李箱內！

生病受傷、找廁所

旅行途中若感覺身體不舒服，就要先停下行程休息。

在瑞士看醫生比較沒有台灣那麼方便，除非視情況非常嚴重的病患，否則從初診到轉診至專門的科別，得花點時間。如果平常有慢性病的人，藥和醫生的處方籤記得要帶著。旅途中有稍微不舒服，要先停下來休息，症狀如果持續就要趕緊看醫生。

大病上醫院

萬一在瑞士旅行的時候，生病的情況嚴重，可以請旅館或是住宿地方的服務人員幫忙打電話到附近的診所，詢問是否有輪值的醫生，再前往就醫，不然也可以直接撥打144叫救護車。

小病找藥局

瑞士的藥局招牌都是綠色，街上隨便都能看到。如果只是輕微的感冒或是頭痛等小病，可以自行到藥局買藥，向藥劑師說明症狀，他們就會拿適合的藥品給你。或是自己從台灣帶一些簡單的藥品，如頭痛藥、感冒藥、胃藥等，萬一不舒服的時候就能隨時服用。

內急找廁所

很多人來到瑞士旅行，都覺得廁所沒有那麼人性化，許多地方都需要付費1～2CHF才能使用，速食店的廁所需要點餐後才有密碼進入，種種的規定讓人覺得上個廁所怎麼這麼難，尤其是帶著長輩出門更需要常找廁所。這篇就來向大家介紹瑞士哪裡有免費的廁所，這樣玩一趟下來，都能省下一頓吃飯的錢了。

火車上

不管是長程火車還是短程的區間車，瑞士幾乎所有的火車都有廁所，登山纜車就不會有廁所（纜車站會有）。我自己的習慣是在下車前會去上一下廁所，即使不是那麼迫切需要，但這樣下車

▲ 瑞士火車上的廁所

後就可以省去找廁所的麻煩。

火車上的廁所和飛機上的一樣，會有亮燈的號誌，若有人正在使用中會顯示紅燈，相反地就是顯示綠燈，大家可以看到綠燈再起身前往就好。如果是單人獨自旅行，上廁所時記得把重要的財物或包包一起帶在身邊。

火車站

幾乎主要的火車站都能找到廁所，包括蘇黎世、伯恩等城市的火車站廁所是投幣式付費（約1～2CHF），鄉下地方的小車站則能免費使用。至於登山纜車站也有設置廁所，包括像前往First的纜車站、葛內拉特鐵道（Gornergrat Bahn）沿線的站、前往少女峰的Grindelwald Terminal、小夏戴克（Kleine Scheidegg）等皆有免費的廁所。

商場或百貨公司

在市區緊急找廁所時，可以先看看附近有沒有購物商圈或百貨公司，裡面一定會有免費的廁所，而且百貨公司人潮進出頻繁，不會有人管你是否有消費買東西，大膽地走進去沒關係。像Manor百貨公司、Fox Town outlet都有免費廁所。

博物館及旅遊景點

各大景點或是博物館裡面，包括貝林佐那的大城堡、琉森的冰河公園、少女峰車站、洛桑的奧林匹克博物館等，基本上都會有免費的廁所。

速食店、咖啡店、餐廳及酒吧

比起百貨公司或車站，真的急著找廁所的時候，就近找間餐廳或咖啡店會更容易些。基本上去餐廳上廁所最好先坐下來點東西，消費後就能光明正大地使用廁所。點杯咖啡或飲料，趁機休息一下再上路也是不錯。在市區裡的麥當勞、漢堡王等速食店，廁所幾乎都需要密碼才能進入。

山區健行途中

如果計畫前往山區健行，最好在纜車站就先看看有沒有廁所。在山區健行途中，有廁所的機會不高，通常就是找沒人的地方解決。如果有同行的夥伴，彼此就互相把風一下。

長途公車

瑞士的長途公車不多，通常遊客比較有機會搭乘的是往返盧加諾（Lugano）和提拉諾（Tirano）之間的伯連納列車，以及貝林佐那（Bellinzona）到庫爾（Chur）的公車。雖然公車會中途休息，但是Ricky還是建議大家在搭長途公車前1小時，不要喝太多水、咖啡或飲料。

好用單字指指點點 機場篇

	德文	法文	義大利文
入境	Ankunf	arrivée	arrivi
出境	Abfahrt	départ	partenze
入口	Eingang	entrée	entrata
出口	Ausgang	sortie	uscita
警察局	Polizeistation	station de police	polizia
廁所	WC	toilette	gabinetto
機場	Flughafen	Aéroport	Aereoporto
巴士站	Haltestelle	arrêt du bus	Fermata del bus
月台	Gleis	Quai	Binario
火車站	Bahnhof(Bahn)	Gare	Stazione
觀光	Touriste	Tourisme	Turismo
商務	Geschäft	Travail	Lavoro
留學	Schulbildung	Horaire	Studio
時刻表	Zeitplan	Excusez-moi	Orario
單程票	einfahrt	allée simple	solo andata
來回票	Hin-und Rückfahrt	allée retour	andata e ritorno

我的行李遺失了。
德：Ich habe meinen Koffer verloren.
法：J'ai perdu mes bagages.
義：Ho perso la mia valigia.

我來瑞士觀光。
德：Ich mache Urlaub in der Schweiz.
法：Je viens pour tourisme.
義：Vengo per turismo.

請問機場火車站在哪裡？
德：Wo ist der Bahnhof?
法：Où est la gare?
義：Dov'è la stazione?

我要買一張票到蘇黎世。
德：Ich möchte eine Fahrkarte nach Zurich kaufen.
法：Je voudrais acheter un billet pour Zurich.
義：Vorrei comprare un biglietto per Zurigo.

這班火車幾點出發？
德：Um wie viel Uhr fährt der Zug?
法：A quelle heure parte le train?
義：A che ora parte il treno?

	德文	法文	義大利文
上車	einsteigen	monter	salire
下車	aussteigen	descendre	scendere
轉車	umsteigen	changer de train	cambiare treno
延誤	Verspätung	retard	ritardo

我要買一張前往XX的車票。
德：Ich möchte eine Fahrkarte nach XX kaufen.
法：Je veux acheter un billet pour XX.
義：Vorrei comprare un biglietto per XX.

下一班前往XX的火車幾點開？
德：Um wieviel Uhr fährt der nächste Zug nach XX?
法：A quelle heure est le prochain train pour XX?
義：A che ora e il prossimo treno per XX?

請問在哪一站下車？
德：Entschuldigung, an welcher Haltestelle muss ich aussteigen?
法：Excusez-moi, À quel arrêt dois-je descendre?
義：Mi scusi, a che fermata devo scendere?

請問哪裡有計程車？
德：Entschuldigung, wo finde ich ein Taxi?
法：Excusez-moi, Où puis-je trouver un taxi?
義：Mi scusi, dove posso trovare un taxi?

請載我到這個地方。
德：Entschuldigung, könnten Sie mich zu diesem Ort bringen?
法：Excuse-moi, Pourriez-vous m'emmener a ce lieu?
義：Mi scusi, potrebbe portarmi a questo posto?

請問要去第幾月台搭車？
德：Von welchem gleis fährt der Zug ab?
法：De quelle voie part le train ?
義：Da che binario parte il treno?

請問這班火車是去哪裡？
德：Wohin fährt dieser Zug?
法：Où va ce train ?
義：Dove va questo treno?

好用單字 指指點點 **住宿篇**

好用單字指指點點

	德文	法文	義大利文
旅館	hotel	hôtel	albergo
房間	zimmer	chambre	camera
單人房	einzelzimmer	chambre simple	camera singola
雙人房	doppelzimmer	chambre double	camera doppia
浴室	bad	salle de bains	bagno
毛巾	handtuch	serviette	asciugamano
枕頭	kissen	oreiller	cuscino
被單	blatt	drap	lenzuolo
接待處	aufnahme	réception	ricezione
冷氣	klimatisierte luft	air conditionné	aria condizionata
衛生紙	toilettenpapier	papier de toilette	carta da gabinetto
熱水	warmes Wasser	eau chaud	acqua calda
電視	fernsehen	télévision	televisione
電燈	licht	lumière	luce
冰箱	kuehlraum	réfrigérateur	frigorifero

請問有空房嗎？
德：Haben Sie freie Zimmer?
法：Avez-vous des chambres libres?
義：Avete camere disponibili?

我有訂房。
德：Ich habe eine Reservierung.
法：J'ai une reservation.
義：Ho una prenotazione.

我要一間單人房。
德：Ich wünsche ein Einzelzimmer.
法：Je veux une chambre simple.
義：Desidero una camera singola.

請問住一晚多少錢？
德：Wieviel kostet eine Übernachtung?
法：Combien coute une nuit?
義：Quanto costa una notte?

我需要一條毛巾。
德：Ich brauche ein Handtuch, bitte.
法：J'ai besoin d'une serviette.
義：Ho bisogno d'un asciugamano.

	德文	法文	義大利文
早餐	frühstück	petit déjeuner	colazione
午餐	mittagessen	déjeuner	pranzo
晚餐	abendessen	dîner	cena
水	wasser	eau	acqua
冰的	kalt	froid	freddo
熱的	heiß	chaud	caldo
茶	tee	thé	té
可樂	cola	coca	coca
咖啡	kaffee	café	caffè
麵包	brot	pain	pane
湯	suppe	soupe	zuppa
沙拉	salat	salade	insalata
起士	käse	fromage	formaggio
燒烤	grill	grillés	alla grilia
油炸	gebraten	frites	fritti
牛肉	rindfleisch	boeuf	manzo
豬肉	schweinefleisch	porc	maiale
雞肉	huhn	poulet	pollo
超市	supermarkt	supermarché	supermercato
謝謝	danke	merci	grazie
好吃	gut	bien	buono
多少錢？	wieviel?	combien?	quanto costa?
素食	Vegetarier	végétarien	vegetariano
有機食品	Bionahrung	nourriture bio	alimenti bio

我想點冰紅茶。
德：Ich möchte ein Eistee.
法：Je voudrais un thé froid.
義：vorrei un te freddo.

請問這家餐廳怎麼走？
德：Ich möchte in dieses Restaurant gehen?
法：Je voudrais aller à ce restaurant?
義：Vorrei andare a questo ristorante?

我要結帳。
德：Kann ich bezahlen.
法：Puis-je payer.
義：posso pagare.

我能看一下菜單嗎？
德：Darf ich das Menü sehen?
法：Puis-je voir le menu?
義：Posso vedere il menu?

請問哪裡有素食餐廳？
德：Wo ist ein Vegetarisches Restaurant?
法：Où est un restaurant végétarien?
義：Dove c`è un ristorante vegetariano?

請問有素食的餐點嗎？
德：Haben Sie Vegetarische Gerichte?
法：Avez-vous de la nourriture végétarienne?
義：Avete piatti vegetariani?

好用單字指指點點

	德文	法文	義大利文
商店	lagern	magazine	negozio
銀行	bank	banque	banca
紀念品	souvenir	souvenirs	souvenir
貴的	teuer	cher	caro
便宜的	billig	bon marché	buon mercato
尺寸	Größe	taille	taglia
大的	kgroßartig	grand	grande
小的	klein	petit	picolo
折扣	spezialangebote	discount	sconto
衣服	kleider	vêtements	abbigliamento
褲子	hosen	pantalon	pantaloni
包包	Tasche	sac	sacchetto
鞋子	Schuhe	chaussures	scarpe
手錶	Uhr	montre	orologio
帽子	hut	chapeau	cappello
黑色	schwarz	noir	nero
白色	weiß	blanc	bianco
紅色	rot	rouge	rosso
藍色	blau	bleu	blu
黃色	gelb	jaune	giallo

請問有其他尺寸嗎？
德：Haben sie andere grössen?
法：Avez-vous d'autre taille?
義：Ha altre misure?

請問有別的顏色嗎？
德：Haben Sie andere Farben?
法：Avez-vous d'autre couleurs?
義：Ha altri colori?

我想買紅色的包包。
德：Ich möchte eine rote Tasche kaufen.
法：Je voudrais acheter un sac rouge.
義：Vorrei comprare una borsetta rossa.

我想買藍色的鞋子。
德：Ich möchte die blauen Schuhe kaufen.
法：Je voudrais acheter des chaussures bleu.
義：Vorrei comprare delle scarpe blu.

	德文	法文	義大利文
博物館	Museum	musée	museo
纜車站	Seilbahnstation	gare du téléphérique	stazione della funivia
健行	wandern	randonnée	escursionismo
冰河	Gletscher	glacier	ghiacciaio
湖泊	See	lac	lago
馬特洪峰	Matterhorn	Cervin	Cervino
麵包店	Bäckerei	boulangerie	panetteria
教堂	Kirche	église	chiesa
城堡	Schloss	château	castello
舊城區	alte Stadt	vieille ville	città vecchia
市集	Markt	marché	mercato
山	Berg	montagne	montagna
雪橇	Schlitten	traîneau	slitta
土撥鼠	Murmeltier	marmotte	marmotta
日出	Sonnenaufgang	lever du soleil	alba
路線	oute	itinéraire	itinerario

請問這家博物館怎麼走？
德：Wie finde ich zu diesem Museum?
法：Comment aller à ce musée?
義：Come posso andare a questo museo?

請問門票多少錢？
德：Wieviel kostet die Fahrkarte?
法：Combien coûte le billet?
義：Quanto costa il biglietto?

我想找這個地方。
德：Ich suche nach diesem Platz.
法：Je recherche cet endroit.
義：Sto cercando questo posto.

還要走多久？
德：Wie lange dauert es?
法：Combien de temps il prendra?
義：Quanto tempo ci vuole?

請問旅遊中心在哪裡？
德：Wo ist das Tourismusb　ro?
法：Où est l'office de tourisme ?
義：Dove e l´uffico del turismo?

救命小紙條 你可將下表影印，以英文填寫，並妥善保管隨身攜帶

個人緊急聯絡卡
Personal Emergency Contact Information

姓名Name：   國籍Nationality：

出生年分(西元)Year of Birth：   性別Gender：   血型Blood Type：

護照號碼Passport No：

台灣地址Home Add：(英文地址，填寫退稅單時需要)

緊急聯絡人Emergency Contact (1)：   聯絡電話Tel：

緊急聯絡人Emergency Contact (2)：   聯絡電話Tel：

信用卡號碼：   國內／海外掛失電話：

信用卡號碼：   國內／海外掛失電話：

旅行支票號碼：   國內／海外掛失電話：

航空公司國內聯絡電話：   海外聯絡電話：

投宿旅館Hotel (1)：   旅館電話Tel：

投宿旅館Hotel (2)：   旅館電話Tel：

其他備註：

警察局報案電話 **117**

緊急救護電話 **144**

外交部旅外急難救助專線
00-800-0885-0885
00-886-800-085-095

So Easy